PERMISSION TO
SPEAK FREELY
How the
Best Leaders
Cultivate a Culture
of Candor

畅所欲言
优秀领导者
如何打造坦诚文化

[美] 道格·克兰德尔（Doug Crandall）
[美] 马特·金凯德（Matt Kincaid）著
胡晓姣　邵玥　杨源瑞-译

中信出版集团 | 北京

图书在版编目（CIP）数据

畅所欲言：优秀领导者如何打造坦诚文化 /（美）道格·克兰德尔，（美）马特·金凯德著；胡晓姣，邵玥，杨源瑞译 .-- 北京：中信出版社，2019.6

书名原文：Permission to Speak Freely: How the Best Leaders Cultivate a Culture of Candor

ISBN 978-7-5217-0571-3

Ⅰ. ①畅… Ⅱ. ①道… ②马… ③胡… ④邵… ⑤杨… Ⅲ. ①企业领导 Ⅳ. ①F272.91

中国版本图书馆 CIP 数据核字（2019）第 089063 号

畅所欲言——优秀领导者如何打造坦诚文化

著　　者：［美］道格·克兰德尔　［美］马特·金凯德
译　　者：胡晓姣　邵玥　杨源瑞
出版发行：中信出版集团股份有限公司
（北京市朝阳区惠新东街甲4号富盛大厦2座　邮编　100029）
承 印 者：北京楠萍印刷有限公司

开　　本：880mm × 1230mm　1/32　　印　　张：6.75　　字　　数：84千字
版　　次：2019年6月第1版　　印　　次：2019年6月第1次印刷
京权图字：01-2019-2971　　广告经营许可证：京朝工商广字第8087号
书　　号：ISBN 978-7-5217-0571-3
定　　价：45.00元

服务热线：400-600-8099
投稿邮箱：author@citicpub.com

目 录

序 言

在一个周六，我同一位引我进入领导力研究领域的导师一起吃饭，席间他的话彻底改变了我。我一直不明白为什么自己在人际交往过程中总是冲突不断，而且这种情况似乎越来越严重，从十分糟糕到糟糕透顶，从表面平静到一塌糊涂，从我眼中合情合理的事情到一次次令我和他人蒙羞的经历。从我开始工作起，这位导师就看着我成长，他见证了我与他人和谐愉快的交往经历，也见证了我从得意之巅跌至谷底。我知道这一路他一直在爱护我，关心我。回首过去，每当旁人说起我，我就会变得异常戒备。有时，我甚至想避开所有可能提及自身过错的场合。只要谈话中涉及自身的弱点，我就会在自己周身筑起坚实的“堡垒”，从而抵御所有的“攻击”，这层“堡垒”无人可破，无人能入。在那段时光里，多亏这位导师还有勇气和我说话。

他礼貌地开启了对话，一边描述他何等珍视我们的友谊，一边强调在他看来我身上的许多特质都属于我个人的优点和强项。随后，他又同我谈论了他自身的弱点，感情真挚且十分坦诚。接着，他问我想不想听一听他对我处理冲突的方式的几点看法，我表示同意，他便接着说了下去，我想我应当听他把话说完，并尽我所能对他的看法做出满意的回应。然而，当我听他说出“一旦与别人发生冲突，你就会变得极度防备”时，我的脸唰地红了，自己心里感觉很不舒服。“不，我才没有这样。”我回应道。

读到这里，你可能会觉得难以置信，我刚刚的反应明显是一种矫饰，然而，当时我确实认为自己在人际交往和冲突中并非心存戒备，这是大实话。更要命的是，当时我愿意誓死捍卫自己所谓的实话！只可惜，有时候我们自认为自己说了真话、实话，可这些话其实是错误的，这些错误的话常常会妨碍我们步入更完满、更自由、更具爱与洞察力的人生。

每个人都会在一场让你感觉不大舒服却又不得不进行的对话经历中得到改变，你是否对自己人生中的那次谈话经历记忆犹新？

不管你是否还记得,《畅所欲言》这本新作将会给你新的启发。这本书为世界顶尖领导力顾问道格 · 克兰德尔(Doug Crandall)与马特 · 金凯德(Matt Kincaid)合著的领导力书籍，它能够最大限度地帮助我们激发个人及团队的领导力：这种领导力会鼓励个人、组织、社区、家庭乃至整个民族畅所欲言，勇敢表达。

我在美国西北部的蒙大拿州长大，那里有着上百座绵延的山脉。从贝尔图斯的高海拔山地到南部边界，那里的一切只需片刻便可在我的脑海中一一闪过。那里的山峰高耸入云，平均海拔在 1.2 万英尺[①]以上。而在低于森林线的高原上，又是一番生机勃勃的景象，冰川百合和流星花等野花竞相开放，狼獾、生物学家热衷研究的“北美灰熊”[②]等许多动物在那里栖息。山中的雨燕在空中飞舞，它们以风为琴奏出一首美妙的空中交响曲。到了山顶，大地仿佛与天相连。站在这里极目远眺，方圆数百米的景致尽收眼底，起伏的山脉，幽深的山谷，如银绸带般的河流向西奔涌汇入太平洋，向东流入海湾……若在那里待上一夜，你便会发现黎明时又有另一番景

① 1 英尺≈0.304 8 米。——编者注

② 北美灰熊，即大灰熊，体形健硕，肩背隆起。——译者注

致，金色的阳光笼罩着群山，也映照着你的脸庞。其实在领导岗位上和个人生活中，有些理解和领悟也是这般纯净自然，它们能帮助我们超越自我，保持谦逊，从而更加真实地生活。本书中，马特和道格为我们提供了一种对于未来新的展望和更加美好的愿景，帮助你我经受住那些纠缠不清又充满危险的人情世故的考验。通过深入聆听以及不断鼓励身边的人畅所欲言，领导者能够打破现状的禁锢，创立各种组织和团队，引领我们走向精彩、深刻、美好的未来。

请以全新的角度阅读本书，让它塑造一个全新的你。

请相信这本书可以用新的视角改变你身边的人，这一视角影响深远，充满正能量，这种正能量会带来新生，会陪伴我们穿过黑暗，迎接新的曙光。

尚恩 · 雷 · 费尔什（Shann Ray Ferch），博士

美国贡萨格大学领导力研究教授

著有《暴行时代的宽恕与权力：作为生活方式的仆人式领导》（*Forgiveness and Power in the Age of Atrocity: Servant Leadership as a Way of Life*），《美国男性：故事》（*American Masculine: Stories*）

前 言

畅所欲言如何让西雅图成为冠军

乘法领导者……不会把重点放在自己了解的事情上，而是会更关注如何了解别人的想法……他们对每个人提出的相关见解都抱有浓厚的兴趣。[1]

——莉兹 · 怀斯曼（Liz Wiseman），格雷戈 · 麦吉沃恩（Greg McKeown），《成为乘法领导者：如何帮助员工成就卓越》（*Multipliers*）

在2013年全美橄榄球联赛中，为了赢得至关重要的三分，西雅图海鹰队以715 000美元高薪聘请了史蒂文·豪施卡（Steven Hauschka）担任踢球手。豪施卡也不负所托，在16场比赛中，他试射的35个三分球，有33个成功得分。同时，凭借其在2013年赛季中的高命中率，他的射门精准度在大联盟排名中排到了第二位。

直到2004年秋天，也就是豪施卡在美国佛蒙特州明德学院就读的第三个学期，他还从未参加过正式的橄榄球比赛。大一时，由于新生没有参加比赛的资格，豪施卡被校队刷了下来。所以到了大二的时候，他的舍友鼓励他再去参加校队选拔，试试运气。巧的是，那时明德学院校队正急需一名踢球手，于是豪施卡成功入队，并在三年里创下无数的纪录。在明德学院顺利毕业并获得神经科学学士学位后，豪施卡随即进入北卡罗来纳州立大学深造，攻读硕士学位。在那里，他也加入了校橄榄球队——狼群队，并担任踢球手。

在一次甲级大学橄榄球联赛中，豪施卡的精彩表现引起了明尼苏达维京人队的注意。球队当即签下豪施卡，任他为季前赛非限制性自由球员。当时豪施卡没有正式入队，接下来的三年他只是全美橄榄球联盟比赛中的一名替补球员。

豪施卡与西雅图海鹰队在 2014 年再续前缘。那一年也正是海鹰队冲刺超级杯的关键一年。在早前对战旧金山淘金者队的全美橄榄球冠军赛 1/4 赛程中，海鹰队主教练皮特 · 卡罗尔（Pete Carroll）让踢球手在第四次进攻时，来一记 53 码射门，如此，便能让海鹰队领先一分。所有西雅图海鹰队球迷都将见证这个重要时刻。35 年来，终于有一支职业球队将为西雅图这座城市再一次赢得冠军荣耀。2013 年至 2014 年，海鹰队成功的意义不仅在于超级杯夺魁，更在于这会大大重振西雅图体育迷的信心。

当时，曾经的替补球员，好不容易留在海鹰队的史蒂文 · 豪施卡，正要小跑着进入球场，准备踢出他球员生涯里的一记好球。可当他与皮特 · 卡罗尔擦肩而过时，豪施卡便觉不对——他注意到，球场北端最高的柱子上的风向标在快速扭转，指向偏南。他的大脑当即飞速运转，最后得出结论：这样的情况下，射门并非明智之举。要知道海鹰队老板保罗 · 艾伦（Paul Allen）每年为一记射门，支付他 75 万美元的薪金——可就是他，史蒂文 · 豪施卡，此刻在赛场上居然不想射门了。那么豪施卡做了什么呢？他沉下心来，积极思考，然后成功射门了吗？

不，他没有。那一刻，豪施卡偏偏没有射门。相反，他转身向教练说："这时候不该射门。"随后他跑到球场上，静静地盯着橄榄球的放置点。几秒过后，皮特·卡罗尔叫了暂停。无论是对现场看台上的观众而言，还是对坐在客厅里舒适地看电视直播的观众来说，这个场面都实在令人好奇——射手已经在球场上找好了自己的位置，等着开球，等着看球落点，却突然被召回到边线外。

卡罗尔听从了豪施卡的建议。在这一刻，海鹰队打消了让豪施卡射门的念头。那天赛场上发生的一系列令球迷费解的事情，在赛后看起来都是合情合理的：一名雇员为领导的一个决定提供意见，他的领导调整对事情的处理办法。豪施卡一路走来，从明德学院踢球手到非限制性自由球员，到替补队员，再到相对稳定的海鹰队成员，这众多的经历无疑让他与领导的关系总是处于波动的状态。他好像觉得做任何工作都是一种幸运。而如今他作为一名小小的踢球手，也能够在球队里发声。在关键时刻，球场上的射门行家往往是全美橄榄球联盟球队里不起眼的队员。那么皮特·卡罗尔对史蒂文·豪施卡的提议做出了怎样的回应?

“我叫暂停,你专心射门!”

事实上,当时站在主教练卡罗尔身边的随行人员根本无法相信豪施卡会开口提出这样的建议。但主教练本人喜欢坦诚和直率,尤其欢迎这位比队里其他人更深谙“射门之道”的小伙子的意见。“我喜欢这份坦诚。大多数人会说:‘我不光能射门,还能一脚让球飞过对方的球门线,直接得分!’可豪施卡没有这么说。我觉得对我们而言,那是一个伟大的时刻,豪施卡的决定也是个了不起的决定!”[2]

在写这本书的时候,道格太太建议我们不要以豪施卡的例子开头。因为旧金山淘金者队的数千球迷一定不愿继续读下去。许多爱好橄榄球的大学生都讨厌皮特·卡罗尔,他们认为他身为南加州大学橄榄球队教练,却在比赛中徇私舞弊。纽约和波士顿的市民都记得他在喷气机队和新英格兰爱国者队执教时败绩连连的那几年。然而,眼下他可谓人气高涨，2014 年，在娱乐与体育节目电视网对 230 名大联盟球员展开的关于“你最想在哪位主教练手下踢球”的调查中，“皮特·卡罗尔”得票最高，获得了 23% 的投票，得票率远远超出匹茨堡钢人队主教练迈克·汤姆林（Mike Tomlin）14%。而其他球队主教练的得票率均未达到 10%。

反观这些调查数据，卡罗尔表示：“我们对球队抱有完全开放的心态。作为管理层，我们足够真诚，也足够直接。我们能在所有队员面前讨论任何话题。”[3] 正是因为海鹰队的管理层足够真诚、足够开放，史蒂文·豪施卡在觉得自己不该射门的时候才愿意说出自己的心声：

“我认为现在射门不是明智之举，我也把想法如实告诉了卡罗尔教练。”

卡罗尔叫了暂停，而后，对战双方重新回到球场。现场数千位球迷面面相觑，他们想知道这是演的哪一出。不一会儿，海鹰队的四分卫罗素·威尔逊（Russell Wilson）掷出了 36 码达阵一球，使海鹰队在 1/4 赛程中比分领先，他们必须保持这一领先优势。海鹰队的球迷高兴疯了，淘金者队的球迷只能沮丧摇头。就在这时，史蒂文 · 豪施卡作为一名无名射手，在职业生涯最重要的时刻，他鼓起勇气对主教练的决定提出了质疑。其实，豪施卡并没有一味地质疑那个决定，他还告诉皮特那个决定不是最佳方案。这两点同样重要，卡罗尔采纳了他的意见。

就这样，西雅图海鹰队在万众瞩目下赢得了第 48 届超级杯冠军，时隔 35 年后重新为翡翠城西雅图加冕。仅仅几天之后，50 多万球迷在钥匙球馆到世纪互联体育场之间的数条街道上排起了长龙。豪施卡坐着华盛顿国民警卫队卡车穿过人群，向人行道两旁里三层外三层的球迷挥手示意，和队友一起庆祝比赛的胜利。他在季后赛中九次射门，全部命中，大获成功。然而，整个赛季中最重要的一次射门，很有可能就是他放弃的那一次。西雅图海鹰队问鼎超级杯，从某种程度来说，正是因为豪施卡向教练表达了自己真实的想法团队才取得了成功。而皮特 · 卡罗尔成为全美橄榄球联盟中最受球员欢迎的教练，正是因为他始终奉行开放的团队文化。在他那里，每一位队员的意见都能得到重视，短期合约球员也不例外。

本书适用于所有类型的领导。如果你是领导，你的下属可能会对你有所忌惮，而不敢说出自己的真实想法。他们可能会心存疑虑，不敢质疑他人观点，尤其是你的观点。他们不愿分享自己的观点，不愿向他人求助，不愿指出他人的错误，也不愿承认自己的错误，也没有勇气唤回缺失的诚信。在许多组织机构里，这种迟疑犹豫，不敢去、不愿去的心态会变成令人窒息的沉默，没有人会说一句话。但是，一项又一项研究发现：真诚的交流可以提高人的创新能力、主人翁精神、参与度以及总体表现。正如吉姆·柯林斯（Jim Collins）在其畅销经典作品《从优秀到卓越》中所言："领导力旨在营造一种文化氛围，身处其中，真实想法可以得到倾听，严酷的事实也能够得到正视。"[4]

本书为领导者了解员工的宝贵思想提供了机会和新的视角。在鼓励"畅所欲言"的文化中，各类观点会层出不穷，任何人、任何事物都有可能受到质疑，各种决策也会随之改进。具有麻痹性且无关痛痒的交谈是真正领导力的大敌。通常人们会认为只有领导才必须直言不讳，本书并未否定这一观点。但如果将这种观念一百八十度调转，关注自己下属的坦诚言论，那么你听到的一切一定会让你的团队和你本人更上一层楼。这种开明开放的交流最初难免会出现摩擦，但同时这种交流拥有诸多不可辩驳的优点：员工的创新能力、主人翁精神、参与度以及总体表现都将得到进一步提升。

然而，许多典型的反面案例搅浑了领导力这潭深水：水门事件，航天飞机事故，桂格公司亏损 14 亿美元收购斯纳波公司一事，体育教师杰里 · 桑达斯基（Jerry Sandusky）宾州儿童性侵案，问题频出的奥巴马医改网站……凡此种种，每一个事件的背后，总有人不发声，不倾听，或者不说也不听。要么保持沉默，要么充其量提点小建议，这些是大部分公司员工奉行的原则。那么领导者怎样才能创造一个健康的环境，让大家能坦诚相待，畅所欲言，不再因为害怕报复、尴尬、指责甚至遭人白眼而选择缄默呢？领导者怎样才能专辟一个去处，让团队成员每时每刻、自始至终都能在那里敞开心扉表达观点呢？

本书力求为这些问题提供答案，也希望能够为追求公司蓬勃发展、允许和鼓励员工发声的领导者提供不同的方法。本书第一部分概述了三项要素，即在一种畅所欲言的文化氛围中，领导者从雇员、球员或任何手下人所说的话里提炼出来的三个要点。第二部分则提供了一个有研究支撑的案例，这一案例用来说明实现坦诚交流的过程中领导者会遇到的阻碍，并警告诸位应该当心那些“谈话终结者”。最后一部分，也就是第三部分，为领导者提供了一些实用的方法，帮助其建立一种坦率真诚的企业文化。这一部分的最后讲述了一家大型机构由此获益的故事，也为本书画上了句点。

第一部分

领导者该听些什么

第一章

员工的问题与疑虑

问题有很多种，有的幼稚可笑，有的枯燥乏味，有的表达有误……但每个问题的提出都源于人类对于了解世界的渴求。因此，世界上不存在愚蠢的问题。

——卡尔·萨根（Carl Sagan），《魔鬼出没的世界》（*The Demon Haunted World*）

我们曾经教过一个学生，他的名字是保罗，当时他正在对一条备选的职业道路进行调查研究，在研究过程中他需要一些帮助。于是我们便向业内人士同时也是我们的好朋友弥迦求助。弥迦建议他和一位名叫莉萨的女士谈谈。我们通过邮件向保罗传递了这个信息。很快，就有了以下的信息往来：

保罗：“所以我要给这两个人都发邮件吗？”

我们：“给莉萨发邮件并抄送给弥迦就好。”

保罗：“抄送就是复制弥迦的邮件吗？抱歉，也许我的问题有点蠢。”

我们：“在发邮件时，你可以将其他人的地址填在‘抄送’一栏，抄送给他们。也就是说，你把邮件发给了莉莎，同时也知会了弥迦这件事。”

保罗：“哦！好的！”

我们：“你的问题并不蠢。”

一旦人们暴露出自身无知的一面，他们会立刻感觉自己脆弱不堪。这时，他们会寻找一个恰当的方式——一个让问题听起来不太蠢的方式，来大胆直言并提出问题。而他们的领导对这些问题的回应会极大地影响他们是否会再次发问。这个企业进而会迅速形成未来的企业文化，崇尚的要么是坦诚直率，要么是沉默是金，而这一切会迅速地发生。

作为领导力开发人员，我们见证了鼓励员工畅所欲言、崇尚真诚直率的企业文化为企业带来的无限益处。如果想要实现这一切，就需要领导者将员工从所谓的“正确”说话方式中解放出来。作为领导者，我们应该始终坚持深入了解员工内心的各种疑问、疑惑、疑虑及其他不了解的情况。当人们可以畅所欲言时，他们就会主动提出自己的观点，不理解时便会发问，需要帮助时也会寻求引导。所以作为领导，你要问自己：

“我乐于接受这种畅所欲言的精神吗？”

“我真的乐于接受吗？”

让这两个问题在你的脑海中回响几秒钟。你是否真的想亲耳听到自己的员工毫无保留的表达，让他们把希望自己能说的、想说的、不确定是否该说的、怯怯不敢说的或仅仅因为找不到“合适”的言辞欲说还休的问题与疑惑一股脑地说出来呢？在我们看来，所有的领导都需要从员工那里听到未经过滤的想法和观点。本书的建议便是全部都要听。没错，就是全部。你也许会想：“我可不想全部都听，我没有那么多时间！”我们希望本书可以改变你的想法。坦诚的交流益处多多，且常常会改变你的生活。下面我们来看一个大声说出疑惑的小例子。

一个周日的午后，10岁的小蒂姆（Timmy）在青少年篮球比赛前两节中表现并不积极。他在球场上慢腾腾地跑来跑去，防守也缺乏力度。他懒洋洋的防守，更是让篮球教练（或是专横的父亲）脉搏加速，怒不可遏。看了他的表现，上半场中途，看台上的父亲不禁向身边的女儿抱怨道："你弟弟是怎么搞的！看看他！总背对着篮球，根本防不住人！"你可能不怎么懂篮球，要知道篮球防守有一项原则至关重要：比赛时，每位球员都应时时转头观察，注意对手，也要注意球，全场比赛都要这样。小蒂姆却没有这样做。

从赛场回家的路上，小蒂姆的爸爸谈起了合理防守的技巧问题。这番训教持续了 3 分钟左右，这位教练爸爸说了六七遍"千万不要背对篮球！"，他还怒气冲冲地说："打篮球就要全身心投入，你完全可以做好防守，像你刚才那样，背对着球，根本就是不努力的表现！"谈话氛围越来越压抑，小蒂姆也忍不住激动起来。所有的愤怒与沮丧终于爆发了，他大声喊道："我根本听不懂你的意思！当你叫我'不要背对篮球的时候'，我根本不明白你在说什么！"

无论是对一个刚刚结束篮球比赛的 10 岁孩童来说，还是对学校门卫、新任经理、棒球运动新手、军队一等兵或是商用飞机的副驾驶员来说，畅所欲言都是意义非凡的。如果那一刻小蒂姆没有说出他的想法，他的爸爸一定认为他听懂了那番话。然而，因为不明白爸爸的意思，小蒂姆的沉默则意味着爸爸的那番话对他没有起到任何作用。没有沟通，父子二人只会彼此误会。下一次爸爸再看到小蒂姆背对着篮球防守时，他会觉得这个孩子把他的话全部当成了耳边风。因为那次驾车回家的途中，这位父亲已经训诫了儿子六七次，他会认为儿子对他的意见很不尊重或者说毫不在意。这种情况急速恶化，三个月后，这位教练“解雇”了这个小队员。可是一个爸爸却不能将自己的儿子从家庭中“解雇”掉。没错，这不仅仅是一个关于少年与篮球的故事，更是一个关于领导力与沟通的故事。领导者常常会错把因为自己指令不明而造成的问题视为员工的违抗。小蒂姆也曾心存困惑，但他愿意说出自己的困惑，避免误会加深。

允许畅所欲言的领导力之所以如此重要，就是因为这种做法与众不同。我们都会将集体失声视作一个问题。这已经不是什么新想法了。但总的说来，我们一直都在以错误的方式解决这一问题。市面上旨在教会读者如何有效地表达个人想法、如何勇于表达以及如何让自己的言辞更具说服力的畅销书有很多。每年都会有数百万美元用于企业沟通培训。小蒂姆没有看过这些书，也没有人教过他如何从父亲的角度看问题。他只是出于愤怒，说了自己想说的话："我根本就不懂你的意思！"其实幸运的是蒂姆的爸爸，因为他的孩子说出了真心话。但作为领导者，我们不能靠运气。我们的职责就是开启这样的谈话，建立一种畅所欲言就是常态、员工说话永远无须批准（他们只需知道这是理所当然的）的企业文化。

悉尼大学的丹·洛瓦洛（Dan Lovallo）教授和麦肯锡公司的奥莱维尔·西博尼（Olivier Sibony）先生对于包容的作用及决策过程中的发言权等问题进行过深入研究。他们发现"许多组织的文化都存在压制疑虑、忽视疑虑等问题。我们极少将信心视为一种危险的信号——这一迹象表明在工作中也许存在过分自信、过分乐观以及其他行动导向型倾向"。[1] 杰夫·盖恩斯（Jeff Gaines）的故事便是一例。不知是企业文化与激励机制的问题，还是缺乏安全感或经验的原因，这位先生发现自己需要帮助，尤其认为自己需要凭借"信心"前行。

盖恩斯的职业生涯始于全球最大零售商之一的一家公司，当时他是一名小时工。工作之余，他还拿到了大学文凭，通过努力，其业务排名一路攀升，一跃成为公司最年轻的主管之一。作为公司的“顶尖人才”，盖恩斯获得了加入公司最具潜力的领导力项目的机会，并被提升为高级主管。这个领导力开发课程的初始项目，包括一项为基层领导及总部行政人员与客户换位思考而设计的活动，即“核心客户挑战”活动。由于这项活动具有深远的情感影响，因此尽管课表多年来历经数次修订，这项活动始终位列其中。

按照这一挑战的安排，某天午后，盖恩斯和他的 8 位同事全体出动，为挣扎在贫困线上的一个四口之家采购一周的食品，预算不得超过 70 美元（没错，整整一周就这些钱）。30 分钟后，他们的购物车里放了牛奶、早餐麦片，还有一条长面包。盖恩斯和他的团队站在罐装蔬菜区前试图寻找最便宜的四季豆罐头，货架中间最显著的位置摆放着该公司的自有品牌，这款商品价格最低，仅为 0.68 美元。团队中的一位女士不假思索地抓起两个罐头扔到购物车里。然而，就在团队移步离开之时，盖恩斯拦住了大家，他低声说道：“等一下！底下还有更便宜的！”

盖恩斯说的“底下”就在货架底层，身高超过一般水平的人压根儿看不到。盖恩斯看到了每罐仅售 0.52 美元的三彩[①]（Three Charms）牌四季豆罐头，两年前就是他把这些罐头放到了货架最底层，当时他还是蔬菜罐头采购员，正努力提高自己的业务排名。此刻，三彩牌罐头仍像两年前一样“低调”地出现在盖恩斯面前，他却犹豫着不知是否该买下这些四季豆罐头。尽管这样做符合公司战略（做到在所有零售商中售价最低），符合企业使命（为消费者省钱），也符合他自己的价值观，但这一做法同激励机制相悖。还记得当年盖恩斯的目标是让自己负责的蔬菜罐头类商品收益增长 4%，他的绩效评价和奖金全靠这个了。看到三彩牌罐头的时候，他已经实现了超过 3% 的增长，正铆足了劲儿提高业绩呢。此时将这个品牌放在货架最显眼的位置，必定会降低价格相对较高的其他品牌四季豆罐头的销量，耽误自己的收入。最终，他抛开了为品牌负责的良心，抛开了对顾客利益的关心，把三彩牌四季豆罐头放到了货架的最下层。从战略角度讲，盖恩斯当然也知道自己要为顾客提供最低价的选择。但是，如果必须做出选择，他会在

① 应该公司法律顾问的要求，我们隐去了公司的真实名称，且将所售商品的品牌改为“三彩”牌。

这个过程中选择保护自己的收益。将三彩牌四季豆罐头藏在货架底层刚好解决了这个问题。盖恩斯从未向老板提及自己的心思。当他们两个人深入讨论货品摆放计划时，盖恩斯通过许多合理的理由论证了三彩牌四季豆罐头摆放位置的合理性。这些理由中当然不包含他的真实想法：我在尽量把这些四季豆罐头藏起来。

大多数人都会理解盖恩斯在权衡各方（广大顾客、企业战略、个人工作表现）利益冲突时的做法。在二十几岁时，他就努力在这家公司扎下根来，打算长期干下去，当时他有三个合理的选择。

1. 拒售三彩牌四季豆罐头。

2. 在货架上放置新品牌的四季豆罐头。

3. 保留三彩牌四季豆罐头，但把它们放在顾客可能看不到的地方。

在这个世界上，人们思量着自己的话，隐藏着自己的想法，只在他们认为安全的时候说话，所以盖恩斯决定什么都不说，只把三彩牌四季豆摆在最不显眼的位置，让顾客去找吧。但鼓励畅所欲言的领导层会为他创造第四种可能：杰夫·盖恩斯同他的领导讲出自己的疑虑并向其求助。

> 老板，你知道，如果将三彩牌四季豆罐头放在货架中央，肯定会妨碍我负责的其他货品的销量。这样一来，我的销售额就会低于预期，也就拿不到奖金了。那样就显得我太差了。所以我不能把那些四季豆罐头摆在正当中的位置，那可是在售价格最低的货品。我当然想做对顾客和公司都有利的事情，可那样做我肯定完不成4%的增长任务啊。我不知道该怎么办了，你一定得帮帮我。

类似的情境不在少数，我们也曾因此质疑过成千上万的领导者，实际上，没有任何一位领导者在任何公开场合站出来，表明他们不想听到盖恩斯这种站不住脚的解释和需要帮助的请求。这种坦诚和直率带来的益处可谓立竿见影，不言自明：盖恩斯不再将廉价货品摆放在货架底层，而是和老板一起找出另一种既能让公司获利，又可以使顾客受益的解决方案。盖恩斯做出了正确的选择。他与领导彼此间的信任一旦建立起来，下次再遇到为难的事情时，他就不会那样羞于开口了。要知道，这个故事并非关乎零售策略、杰夫·盖恩斯、四季豆罐头，更上升不到价值观与使命的高度，这是个再简单不过的故事，它告诉我们的无非是与上司坦诚交流的重要性。如果你是盖恩斯的领导，你应该想知道他的真实想法，应该想让他在需要帮助时向你求助，也应该想让他有话当面直说，大胆畅所欲言。

允许员工畅所欲言最重要的意义在于，你所领导的员工会充分信任你，这样他们需要帮助时就会对你讲，不明白时就会向你发问，问题不够明确时他们也会勇于面对。他们一旦对你讲了这些想法，其他想法也会对你说的。

第二章

好点子和坏点子

仅是给别人灌输创意还不够，你还得创设一种满足人们好奇心的环境，想办法鼓励人们，让他们发挥最大能效。

——肯 · 罗宾逊爵士（Sir Ken Robinson），
《彭博资讯》（*Bloomberg Interview*）， 2006 年 2 月 22 日

当公司允许每一位员工（所有级别均可）分享观点时，大家创新的观点便会不断涌现，参与积极性提高，主人翁精神也会增强。本章篇幅不大，但文字内容基本上属于“说说你不知道的事”这一范畴，那我们就来谈谈你可能不知道的事吧！

事实证明，在听取别人观点的时候，我们都有一个盲点，一个值得讨论的大盲点——人们对创意常常抱有一种秘而不宣的偏见。几乎没有人会公然坦陈自己的偏见，但研究表明，偏见几乎无处不在。我们更愿意采纳已知的解决方法，在不确定的情况下尤其如此。但讽刺的是，越是在不确定的时候，我们越需要具有创意的解决方案。很多领导者愿意选择稍有新意的观点，也不会因为员工说出“地球绕着太阳转”这类毫无新意的话而大发雷霆，不然你铁定中枪。《大西洋月刊》2014 年 10 月刊上的一篇文章指出：“美国文化推崇创意，但这一点主要停留在理论层面。”为了使他人认同自己的观点，该文作者建议人们“旧瓶装新酒，也就是让自己的创意看上去不那么有创意”。[1]这对于一些受压制的职员来说不失为一个中肯的建议，因为他们的领导往往对好点子充耳不闻，但这不是本书的建议。作为领导者，我们一定不能再强行要求员工以“正确的”方式表达自己的想法和观点，所谓“正确的”方式，无非是让领导觉得舒服的方式罢了。

你可知道微软前首席执行官史蒂夫·鲍尔默（Steve Ballmer）曾预言苹果手机永远都不会吸引消费者？而在第一次试听甲壳虫乐队（Beatles）的歌曲之后，迪卡唱片公司便毫不隐讳地告诉他们：“你们的音乐风格早过时了。”1927 年华纳兄弟影业的创始人哈利·华纳（Harry Warner）也曾发问："谁想听演员说话啊?!"曾任美国广播公司电视网高管的劳埃德·布劳恩（Lloyd Braun）首次提议拍摄电视剧《迷失》（*Lost*）时，公司里其他高管也是戏谑地摇头，表示不解。你或许听说过E. L.詹姆斯在屡屡遭拒后自费出版了小说《五十度灰》（*Fifty Shades of Grey*），但你知道马克·吐温也是自己掏钱出版《哈克贝利·费恩历险记》的吗？是的，没错！就连《夺宝奇兵》这样的票房冠军，也曾面临没有一家好莱坞电影公司接拍的窘境。这就说明：作为领导者，我们需要穷尽所有资源以获得帮助，如果我们不利用身边这些资源，团队的能力与想法就会仅限于我们这些领导者个人的能力与想法。我们需要有创意的点子，需要迎面的痛击，也需要提醒我们厄运不断迫近的警示信息。我们需要倾听，而且需要认真倾听，这样我们的员工便能突破前述的重重阻碍，相信自己的观点，勇敢说出自己的想法。

著名趋势学专家丹尼尔·平克（Daniel Pink）在其著作《驱动力》（*Drive*）一书中讲过心理参数（mental parameter）的概念，比如说，当你要和老板说些什么的时候，你会尽量寻找一个正确的方式，并刻意隐藏自己的创意。[2] 当人们表达真实想法时，沟通是很难进行的，因此，你的员工会将重点放在破译你的语码上，或者说他们会揣测你想听他们以什么方式讲话，然后他们就会用这种方式对你讲话，如此一来，他们无疑会给你提出很多毫无价值的建议。而这样的情形会使你对他们的管理愈加严格，对吧？当然，作为领导，你只能对员工进行微观管理，因为他们无法独立思考问题，没错，他们确实不能独立思考。他们处于你的监督之下，满心畏惧，还得按照你个人的安全语言标准来表达他们自己的想法，在这种情况下，即便你听取他们的想法，他们还是不能独立思考。

当听到一个新观点时，你不要因为感觉不舒服、不确定就做出回应，而要强迫自己停下来，至少要听完再说。你只需倾听，深呼吸，忍住别说话，听听你的员工有什么要说的。倾听时，你先不要想着如何反驳，认真听便是了。在高管培训的术语中，这叫“主动倾听”。你将会听到许多惊人的“新”点子，而你的员工也会因此更加尊重你，渴望和你分享他们头脑中封存多年的点子，这些点子因为某个人、某个地方而尘封多年，也因为害怕而没有坦率地说出来。

而你作为领导者，好的、坏的都要听。

1993年初，太平洋电力与照明公司组织了一个团队，来应对恶劣天气带来的破坏性影响。[3]冰点温度常与太平洋西北部空气中的水汽相遇，给输电线紧紧裹上一层冰。严寒天气一旦持续数日，冰的重量就会不断给电线加压最终压断线路。面对这样的险情，公司只得派送一些工人进行野外作业，让他们系上吊钩，爬上电线杆摇晃电线以除去外面的冰层。这是一项艰苦又危险的工作。

几次尝试无果后，公司最终召集了一批一线技师开会，希望能够集思广益解决这个问题。讨论期间，因为心存畏惧，许多技师都默不作声地坐着，只听别人说些什么主意。但是中间休息时，公司的一位主管听到一个操作工同他的伙伴抱怨道："我真是恨死这份该死的工作了！上周，我从那滑出溜的电线杆上滑下来，落地时正好和一只巨大的黑熊眼对眼，它似乎不太喜欢我侵入它的领地。"

他的伙伴回应道："咱们应该训练那些熊，让它们爬上电线杆把冰晃下来，让黑熊来做这份工作最合适不过了！"

在高管齐聚的会议室里，这两位有着实践经验的专业人士缄默不语，整个上午毫无进展的讨论，因为他们中间休息时的一番对话找到了突破口。无意听到两人对话的公司经理让第二位说话的朋友和大家分享一下当时他所说的话，经理很清楚这个想法毫无意义，但这至少可以缓和现场气氛，让讨论进行下去。果不其然，这位男士训练黑熊的建议刚一出口，便引起哄堂大笑，紧接着成熟的判断及不同意见也随之形成了。

这时，另外一位工人举手想说话，可能因为针对自己同事的嘲笑让他感到不适，也可能他很认真地想往下推进这段对话吧。他说："训练黑熊去作业恐怕很难，但是如果我们在电线杆顶上放上蜂蜜罐呢？那样它们就会爬上电线杆去取蜂蜜，电线上的冰也就晃下来了。"

讨论开始有了一点真诚献策的意味，一位经理发问道："如何保证这种方法比我们现在用的法子效果好呢？我们还得想办法把蜂蜜罐子弄到电线杆顶上。"

一个看着有些执拗的老工人略带愤怒地插了句话："我们那些主管不是老坐着直升机到处去吗？何不让直升机做些好事，把蜂蜜罐子搁到电线杆上去？"嘲讽的笑声又一次回荡在会议室里，直到一位秘书开口发言："我曾在越南做过护士助理，伤亡人员都会通过直升机送到我们营地医院，直升机的气流将周围的一切都吹走了，尘土和碎片几乎让我们看不到东西，我们为什么不让直升机在电线周围盘旋，让旋翼把冰弄掉呢？”从熊到蜂蜜罐子再到直升机，太平洋电力与照明公司的一位秘书——一位女士，在那样的时刻由衷地为公司提出了一个此后沿用数十年的解决方案。

问题和不确定性总是最先出现，当听到看似幼稚、无知或重复的观点时，我们要耐着性子自觉听下去，不要急着把这些观点定性为“蠢话”。甭管好坏，观点肯定会有的，一旦观点得到分享和验证，反馈和关注便会随之而来。

第三章
反馈与关注

在证悟真理的道路上，人们只会犯下两种错误：不能坚持到底以及裹足不前。

——佛陀（Buddha）

你一定有不得不告知他人的“真话”，其中最难于启齿的又是什么呢？别急着往下读，先想想这个问题。当时你的谈话对象是谁？你要告诉他（她）什么？你说真话了吗？谈话前你的身体和心理感受如何？谈话过后你又感觉如何呢？

我们推测，无论这场对话的内容是什么，当时你一定在尽量以正确的方式使用正确的语言，甚至有可能会提前练习或是从朋友那里寻求一些建议。最终也许并没有所谓的“正确”方式来表达你的想法，可你还是说了这番话，因为这些话不说不行。或许你希望倾听者能明白你的意图，听懂你的信息，并且以这种全新的角度继续聊下去。这番谈话有可能毁掉了一段关系，也有可能说到了对方心里。而你本人有可能感到如释重负、备受赏识，也有可能感到不寒而栗。谈话过后，你得到的反馈可能是“谢谢你的勇气”，也有可能被炒了鱿鱼。

这才是重点，也是本书希望诸位能够领会的要点：当你的员工获准畅所欲言时，他们会对你讲这些事情……他们会毫无保留地说出自己的想法，不用担心自己是不是说了正确的话，也不再感到紧张和恐惧。他们有权畅所欲言。

畅所欲言是员工最根本的权利，因为稀缺，所以可贵。这种做法仅能在最好的公司中激发出以信任与赋权为重的企业文化。若领导者愿意抛开自我中心主义，在员工坦诚地给出反馈、说出担忧时，能够与自己心生的恶念斗争，那畅所欲言是完全可以实现的。本书第一章指出，敞开胸怀直面各种问题及不确定因素，需要足够的耐心以及较高的情商。第二章则讨论了这样一个事实：倾听他人想法，就要摒弃自己内心那些妨碍创新的偏见，防止出现遵从现状的倾向。但是敞开胸怀直面各种问题及不确定因素对领导者要求更高，这要求领导者怀揣一颗为员工服务的心，摒弃个人中心主义，消除自身的不安全因素。

二十多年来，我们齐心协力帮助全美很多大学及企业培养了许许多多领导者。在所有项目中，我们都试图创建本书前面几章所描述的那种环境。我们想要听到每一个问题，每一种不确定性，每一个想法，每一次反馈或担忧。几年前，一名学生找到道格讨论评级问题，这个学生就是道格的女儿乔斯琳。他们利用几分钟反复进行着一次特别测试，几分钟后乔斯琳低头看了看自己的脚，然后大吼道：

“你为什么不爱自己的女儿?!”

我们可以帮乔斯琳想出三种更好的问法。事实上，当时她的那句话可以被视为一个以问题形式出现的陈述句（就像反馈和担忧通常也会体现为问题一样），从某种意义上说,这一做法是教学的胜利——乔斯琳已经能够坦陈心声了。但从另一方面看,这又是对道格性格的巨大挑战。因为乔斯琳跳过“你爱你的女儿吗？”这个问题，直接得出了“你不爱你的女儿！”的结论。但我们对本书所写的每个字、每句话都深信不疑。想让自己的员工摆脱用正确方式述说的负担，就意味着你得让他们直接跳到乔斯琳的表达方式。

说实话，听到这位“学生”的这个问题时，道格首先想到但没有说出口的是：“嗯……好吧，乔斯琳，不要把咱们父女之间的问题带到这间办公室里来好吧。”退一步来说，那一刻在很大程度上正是畅所欲言的好时机。道格将对家庭的热爱视为自己的核心价值之一，乔斯琳却对此提出了质疑。在这一刻，我们也感受到让别人畅所欲言这一挑战背后的真相：权力相差越悬殊，这项挑战就越轻松。如果一个学生质疑你作为家长的诚信问题，你会表现出一些耐心和宽容，也会考虑即将面对的问题。如果提出质疑的人是你的邻居，你的自我意识便会出现，也会心生戒备，为自己辩护。但你的自我意识却与即将了解的信息的真实性和准确性无关。无论用哪种方式倾听员工的话，都会让作为领导者的我们试图寻求更大程度的理解。

“乔斯琳，你为什么那么问呢？”

“你看，你一直在讲你那几个儿子的故事，却没提一句自己的女儿。”

乔斯琳竭力想表达的观点可以通过以下这个精心准备的版本呈现出来：“你讲了许多关于你几个儿子的故事，我都很喜欢，但是我不记得你讲过你女儿的故事。你可能不是故意的，但这会让我感觉你并不关心女儿的活动，或者说你很可能对所有女性的活动都不感兴趣。老实说，这让我怀疑你是否会像关心班级里的某些男同学那样关心我。”

乔斯琳那天提供了一条重要信息。她是对的，道格确实没有怎么提过女儿的故事，这会让人感觉他对女儿的关注没有对他那几个儿子多。如果此前我们把成功交流的重担放在乔斯琳肩上，不允许她表达自己的关切，或者不听她的反馈就采取行动（以后再讲述一些女儿的故事进行弥补），就永远不可能听到乔斯琳的真心话。

你的下属中，总有人有大大小小的事情现在（或者总有一天）需要说出口。这些事情关乎良心、诚信、决策或行为，或者就是有关儿女的故事。如果他们获准畅所欲言，我们的公司就不会遭到从众心理、串通舞弊、偏见无知、威胁恐吓、确认偏误、信誉受损以及其他弊病的侵扰。

本书第一章介绍过的两位研究员丹·洛瓦洛和奥莱维

尔·西博尼，他们在5年内调查了1 084项企业决策。在研究过程中，他们对决策过程进行了无数次调查，并提出了以下问题（其中包括）：

讨论中是否包含与高级管理人员看法相矛盾的观点？

（众位高管）是否让一些对决策有不同看法的人参与其中？

这两人还对分析能力的水平和质量进行了全面而透彻的研究，这一能力促成了前述1 000多条决策中每一条决策的制定。通过研究，洛瓦洛和西博尼得出了一个深刻的结论——所有领导人在培育畅所欲言的反馈和环境时应该仔细考虑：

过程比分析重要6倍。

在推出产品、收购业务、变更公司结构或者决定人员去留时，分析至关重要，但辩论、讨论、质疑及监督的过程比分析重要6倍。如果缺少一个真实可信而又充满活力的过程，“无论优秀的管理者做出怎样精到的分析，都不见得能促成正确决策的制定”。吉姆·柯林斯在其著作《从优秀到卓越》中阐明了这个观点，“若不面对残酷的现实，人们很难做出一系列明智的决策”。[1]

作为领导者，我们必须为手下的员工创造一个可以说出顾虑、做出反馈的环境，让他们可以不计后果，毫不犹豫地表达自己的观点。我们需要一个默默无名的橄榄球踢球手，在大联盟赛季最关键的时刻，在所有的压力积聚到最顶峰的时候，他能看着我们的眼睛警告说：“我们不应该踢这个球！”若我们的员工心存顾虑，却无法通过最好的方式让我们了解这份顾虑，我们还是需要他（她）当面抛出那个不着修饰、未经过滤的问题，“你为什么不爱你的女儿？”

要做到这一点，我们必须首先了解是什么妨碍了人们畅所欲言……

麦肯齐（Mackenzie），我全心全意爱着你:-)

第二部分

问题

第四章
领导妨碍沟通

人们只有在无法发声时，才会明白自己的声音有多重要。

——马拉拉 · 优素福 · 扎伊（Malala Yousafzai），《我是马拉拉》（*I am Malala*）

迈阿密大学俄亥俄分校的加里·斯塔瑟就一个题为“商人坠楼案”的神秘谋杀案剧本，对小组沟通情况开展了一项意义深远的研究。他发现，在小的群组中，人们很难开放透明地沟通。人们往往愿意分享“共识”，却不愿说出只有自己知道的东西，因为他们怕这会让自己看起来很蠢。小组成员会问自己：“如果我的想法与问题相关，为什么其他人都没有提出来？”我们已经就这一案例研究创建了一个压缩版本，来阐明斯塔瑟的多项发现，并为今后进一步研究沟通问题提供平台。

1992 年一个秋日的清晨，太阳才刚从东边的一座山丘上探出头来，埃迪 · 沙利文就将他那辆锈红色的福特卡车开进鲍勃 · 盖恩的农庄车库里了。沙利文在盖恩家打杂，他喜欢在清早开工，避开酷热的午间。就在这天，他要按计划拆掉那座已有 80 年历史的谷仓。

拆了几小时后，沙利文发现他把铁锹落在了卡车上。卡车离那座谷仓有好几百码[①]远，可他急需那把铁锹。大概上午 10 点左右，沙利文走到卡车那里发现车里的铁锹不翼而飞了！沙利文回忆道："我向四周看了看，突然发现盖恩先生倒在过道的草坪上。"沙利文快速扫了一眼鲍勃 · 盖恩血淋淋、扭曲的身体，他慌不迭地冲上年久失修的楼梯，然后拼命拍打着房门。"快叫救护车！"他冲着盖恩太太玛丽昂 · 盖恩大喊道。据警方报告，被害人鲍勃 · 盖恩系当地林肯汽车经销商，当天早晨他在离家去往 7 点钟的例行高尔夫球赛途中

① 1 码≈0.914 4 米。——编者注

遇袭，左眉部受伤致死。马克·穆迪中尉是本案的首席调查员，他锁定了三名主要嫌疑人：盖恩车行的零部件供应商米基·马隆，农场园丁比利·普伦蒂斯，以及最先发现盖恩先生尸体的农场勤杂工埃迪·沙利文。

穆迪中尉很快就将关注点放在马隆身上，因为他的作案动机看起来最强（尽管不能十分确定）。就在谋杀案发生的前一周，马隆收到了一张来自盖恩的亲笔字条，上面写的都是盖恩对两人生意往来上的种种不满。字条内容如下：

你提供的零件质量真让我失望……为此我必须提醒我的顾客和其他经销商，MM牌汽车零件的质量是多么差劲。

话是难听了些，可当年这句话带来的后果充其量也就相当于今天在Yelp点评网上给个“一星”差评罢了。这条差评真的会成为他的杀人动机吗？马隆坦言，他本打算在上周六去盖恩家，当面和盖恩谈谈纸条的事。但后来他改变了主意，在克雷斯特维尤公路上掉头去往高尔夫球场，他还在7点抵达球场之前停下车买了杯咖啡。

至于二号嫌疑人比利·普伦蒂斯，他是个赌棍，经常向鲍勃先生借钱。他在盖恩死去的前一天下午还向他借钱来着。既然他赖着盖恩先生这棵“摇钱树”，就没有杀他的道理。因为缺少作案动机，普伦蒂斯一直保持着“半嫌疑人”的身份。直到穆迪中尉发现他在最初的陈述中说了谎，遗失的铁锹上也有他的指纹。面对这些证据，普伦蒂斯将他之前的陈述全盘推翻。他承认自己曾经来过农场，但当见到楼梯底下横着盖恩先生的尸体时，他就吓得逃走了。他根本不知道自己的指纹是如何跑到铁锹上的，也对铁锹是怎么跑到灌木丛里去的一无所知。

最后一名嫌疑人，埃迪·沙利文，弱弱地指着普伦蒂斯，说自己曾在案发当日上午 7 点左右，听见一辆“装着消音器的汽车”飞速驶过的声音。虽然在谷仓里听到的声音难以辨认，但他非常确定开车的就是普伦蒂斯。虽然仅凭一辆加速行驶的汽车的声音并不足以定下谋杀的罪名，然而普伦蒂斯的谎言、指纹及其赌博的问题等诸多间接证据，都表明他与此事脱不了干系。穆迪中尉无法想象比利·普伦蒂斯究竟出于何种动机谋杀了盖恩先生。

沙利文自己倒可能有杀人动机。他的女儿曾在盖恩车行当记账人，案发前几周刚刚辞职。沙利文声称自己不知道女儿为什么离开，但从车行员工的证词来看，沙利文的女儿是在同盖恩大吵一架后辞职的。据目击者描述的肢体语言和微妙细节看，两人甚至可能有过暧昧关系。

当时这件案子的情况就是这样：三个犯罪嫌疑人，一系列间接证据，一筹莫展的案情。1987 年，佛罗里达州的汤米 · 里 · 安德鲁斯强奸案首次运用DNA作为证据，成功将其定罪。但直至 90 年代中期，在大部分犯罪场所，这种证据依然被视为新事物。所以不管是谁杀了鲍勃 · 盖恩，是米基 · 马隆、比利 · 普伦蒂斯、埃迪 · 沙利文中的一个，还是另有其人，罪犯都有可能侥幸逃脱罪责。

要是我们让你说说自己的推断，你怎么看？根据我们给出的鲍勃 · 盖恩遇害案的大致信息，你认为凶手是谁？是马隆，普伦蒂斯，还是沙利文？你对自己的选择有几分把握？凶手应该不会超出合理怀疑范围，可“万一”呢？

再进一步说，你被任命为破案小组组长，负责研读地图、记录以及收集凶案发生后的各方证词。案件裁决是否公正、能否给守寡的盖恩太太一个交代，都取决于你们小组能否解开谜团，侦破悬案。即使你不了解这桩案子，一大沓记录和访谈里的众多信息，也能帮助你锁定凶手——那个用沙利文的铁锹袭击了鲍勃·盖恩，后将其推下楼梯致死的人。

你的一名组员拿到了雷氏咖啡店的店员米莉·史密斯的证词记录。她证明了米基·马隆的清白。据证，案发当天早晨6点30分到6点45分期间，马隆正在她的店里喝咖啡。另一名组员了解到，普伦蒂斯承认他确实碰过那把铁锹，但他只是把它移开，好让自己把剪草机开出来。与此同时，盖恩家附近一家小型便利店的老板戴夫·丹尼尔斯，也为普伦蒂斯提供了有利证词。案发当天7点左右，他拾到了盖恩的钱包。有人把它扔进了便利店的垃圾桶，随后驾车扬长而去。扔钱包的人就在那辆“溜得悄无声息”的车子里。

最后的证词来自玛丽昂·盖恩，也就是盖恩的妻子。在你的调查小组中，有几位并不知道盖恩太太曾在当天早晨6点40分望向窗外。她看到了雨棚车库里停着丈夫的皮卡。她也曾向警方提起，沙利文有一枚助听器，但他干活的时候从来不戴。

米基·马隆没有杀害鲍勃·盖恩，因为他有不在场证明。比利·普伦蒂斯没有作案动机，（在他撒过谎之后）他非常坦诚，何况把钱包丢进戴夫·丹尼尔斯商铺附近垃圾箱的人，开的也并非是他那辆噪声极大的卡车。那么好消息来了，你和你的办案小组就能认定，埃迪·沙利文是杀人凶手无疑。他说自己听到了普伦蒂斯卡车的声响，这完全是在扯谎。他根本无法在几百米开外的地方，在没有助听器的情况下，辨识出劣质汽车消音器的声音。他有作案动机，也有机会下手，而且盖恩太太在6点40分朝窗外望的时候，沙利文的卡车也不在。[①]

在这项案例研究推进的过程中，斯塔瑟发现，开放的沟通在小群组中难以实现。若有正式领导加入，情况会变得更糟。研究表明，领导的加入通常会妨碍问题的解决，因为权力会造成许多破坏。如：

① 感谢迈阿密大学俄亥俄分校的加里·斯塔瑟分享给我们这个神秘谋杀案。1992年，斯塔瑟首次将这个剧本用于小组沟通系列研究的案例。

- **权力让领导容易将他人物化（领导将他人视为达成目的的工具）**
- **权力让领导对他人的意见充耳不闻**
- **权力让领导偏向因循守旧**
- **权力让领导失去倾听的耐心**

权力的影响非常大，事实上，密歇根大学助理教授利·普伦基特·托斯特、哈佛大学副教授弗兰切斯卡·吉诺以及杜克大学教授理查德·拉里克让多名拥有权力的领导负责鲍勃·盖恩谋杀案的侦破，遗憾的是，他们都没能结案。[1]仅有 25% 的“权威型”领导所在小组给埃迪·沙利文贴上了凶手的标签。与此相反，59% 的无领导小组成功解开了谜团。多么惊人的差异！说得更透彻些：当领导者成为负责人时，他们总会挺起胸膛，颐指气使，进而阻碍事情顺利进行。

- **“权威型”领导在：成功率 25%**
- **没有领导在：成功率 59%**

在关于这项谋杀谜案的实验中，几位随机抽选的参与者佩戴了标识其领导身份的名牌，仅此而已。一个名牌加上由此诱发的权力感（通过实验前反射形成）造成了抑制沟通的心理倾向。托斯特、吉诺以及拉里克都发现自觉有权在身的领导往往话太多。这样的领导总是控制小组讨论，禁止别人发言，甚至随意贬低他人。

几年前，一位曾参与过我们项目的小组成员鼓起勇气向实验小组坦陈："当时我不断与队友进行讨论，只是为了让他们明白我的观点，并且接受它。"说这话时，她有些迟疑，但她马上便找回状态，继续道："此后我平步青云，因为大家都说我有很多了不起的想法。我想，如果让我别再有自己的想法，转而鼓励他人分享其想法，我做不到。"喋喋不休，自私自利，否定下属的工作……这些事并非只有魔鬼领导才干得出来，从某种程度上讲，所有的领导都是如此。此乃人性使然。这样一来，比起共享信息去解决问题、擦出创新火花或是避免危机四起，小组成员大多会选择闭口不言。

值得庆幸的是，我们的一部分工作是在课堂上完成的。课堂上，我们有意营造一种安全信任的氛围，从而让人们有机会提出一些棘手的问题。每年我们都在华盛顿州东南部的一所大学开设一门执行沟通课程。我们的课堂总是人满为患，来听课的都是成年人，劳累工作了一天的男男女女匆匆忙忙赶回家做好晚饭，再穿过大半个镇子聚拢来，只为离他们梦想的学士学位更近一步。“畅所欲言”的理念一直是我们奉行的最高准则，这一理念贯穿我们的研究与讨论过程，也贯穿本书的构架及修订过程。一天晚上，我们向学生抛出了这样一个问题：

“你会对你的老板说什么？”

问题一出，各种热情高涨的答案扑面而来。这些来自各行各业的职场人士居然顾不得多想，他们脱口而出的回答引来了哄堂大笑。所有的回答都是那么合情合理，其中没有刻薄的话语，也没有人身攻击。我们问他们，为何不把这些话说给老板听，学员中的一名男士大胆地表示：“您这是逼我在‘自我’和‘生活’之间做一抉择啊！”他着实害怕如果说出自己的真实想法，他的老板就会以此为把柄，最终把他扫地出门。那位男士宁愿憋在心里的到底是什么“超级可怕”的话呢？“我想说的是，老板拖拉的话，我的工作会更难做。”

他由衷地希望自己的老板能明白这一点，可是他觉得光是提及这个问题的念头，就会让老板炒了自己鱿鱼。这位先生可不是混迹于市井帮派，一心指望上位的马仔，也不是在中美洲为贩毒集团散布可卡因的喽啰。他每天辛辛苦苦做一个小小的中层领导，为一家总部位于旧金山的上市公司卖命。可是，在有鲨鱼横行霸道的海域，就没有人愿意去做白白送命的诱饵。

事实上，脱离了教室营造的安全氛围，这样的对话几乎不会出现。人们从来不与自己的领导交心，从来都不。我们如此，你如此，你的下属也是如此。但是有一点我们确信无疑，如果你的员工不能毫无保留地表达想法，那问题一定不在他们，而在于你。许多领导都会错过许多有价值的信息，因为下属不肯对他们讲。我们认为领导有责任去创设一个真实的环境，那里充满了真诚和信任，能够鼓励所有人分享他们曾被禁锢的想法及独特见解。如果这一切成为现实，团队成员都能畅所欲言，问题便也迎刃而解了。

以下是“你无法听到员工真实想法”的“三个根本原因”：

1. 你的权力造成了令人窒息的气场

2. 员工对评判和指责的恐惧

3. 疲劳

第五章
领导的权力令人窒息

总统在场时，人们的性格会发生改变。多数情况下，就连强硬的人也会揣摩总统的心思，然后据此提出总统想听到的建议。

——罗伯特 · 肯尼迪（Robert F. Kennedy），
《十三天：古巴导弹危机回忆录》（*Thirteen Days*）

“格林维尔号”核潜艇是一艘配备了“战斧”巡航导弹的洛杉矶级核潜艇。该潜艇于1994年下水投入使用，艇长为363英尺，水下排水量为7 177吨。[①] 2001年2月9日，“格林维尔号”核潜艇从夏威夷瓦胡岛海岸启航，参加正式演习。这次演习是名为“贵宾巡航”计划的一部分，此次计划意在邀请民间有影响力的人物深度了解海军作战状况。当“格林维

---

① 与全球其他级别的核动力攻击潜水艇相比，洛杉矶级潜水艇包含更多的操作。

尔号”启动潜艇应急主压载水舱，将潜艇开离港口不到9英里[①]处时，一名商人坐在了舵手的位子上，一位体育记者也操纵起阀杆来。艇长斯科特·沃德尔（Scott Waddle）传达指令时，几位经验丰富的潜艇员密切监督着这些“贵宾”的一举一动。所谓“应急”主压载水舱的叫法实为误称，其操作规程其实相当规范：首先，潜艇员将潜艇调至潜望深度（60英尺），为海面航行的其他船只腾出位置，随后迅速使高压气吹除压载水舱上浮。浮出水面的洛杉矶级潜艇，看起来就像一枚巨大的鱼雷。可在那一天，“格林维尔号”没能快速上浮。美国国家安全运输委员会官方报道称：“潜艇里的宾客援引那位指挥官的话说‘真见鬼了！到底怎么回事?!’待潜艇减速稳定，潜望镜升起，指挥官凑近一看，才发现“格林维尔号”撞上了一艘船！”[1]

不幸被撞的是一艘重达500吨的日本实习渔船——“爱媛号”。当日夏威夷–阿留申标准时间下午1点43分，一艘潜艇浮出海面。“格林维尔号”将“爱媛号”拦腰截断，船体

① 1英里≈1 609.34米。——编者注

很快沉没，9名日本船员罹难。那天在场的数位宾客打乱了潜艇的操作规程。潜艇指挥官、艇长沃德尔及其副艇长当天下午在艇长室待了一个小时，他们忙着给照片签名。有报道称，当时几位宾客赶着参加会议，眼看要迟到了，沃德尔便让潜艇加快上浮。这些干扰因素无疑削弱了他对当时事态的感知能力。然而最终，美国国家安全运输委员会指出，沟通问题才是事故发生的根本原因——整个过程中，全体船员没有一个发声。或者，我们还可以这样说，事故原因在于领导者没有营造一个让员工直言的氛围。

美国国家运输安全委员会认定，“格林维尔号”与日本渔业实习渔船“爱媛号”相撞，极有可能是因为：第一，战斗系统团队内部各位高级长官（指挥官、舱面值勤军官、射控军士以及声呐系统监事）之间缺乏交流和沟通，导致团队对船体接触分析得不充分，也没有按照潜艇潜至潜望深度时的正确规程操作；第二，指挥官（艇长）贸然决定发出潜艇紧急上浮指令。

向当权者说实话真的很难。

斯科特·沃德尔当年以班级第一的成绩从美国海军学院毕业，当时他可谓一颗冉冉升起的新星。其过往的表现无可挑剔，沃德尔从几百名优秀军官中脱颖而出，被任命为“格林维尔号”潜艇的艇长。有人说，在海上，没有比艇长更好的职位了。可在事发当天，沃德尔艇长至少犯了一个错误，那就是他贸然加速了进程。声呐图像模糊不清，指挥官自己的潜望镜检测看似敷衍了事，而这一切都没有人提出质疑。因此，有批评者认为，沃德尔艇长当时根本没有将潜艇上升到合适的高度，所以无法通过潜望镜看见海上交通的真实画面。但对潜艇上的人员而言，当时直言就意味着要在16位贵宾面前纠正指挥官的错误。沃德尔军衔高，实力强，是位备受尊敬的艇长。这个案例并不是暴君对臣民怒目而视导致的悲剧，而是一个领导与下属之间鲜少沟通的典型案例。只是结果令人始料未及。

“长官，抱歉打扰了，可我认为我们不应该上浮。”

“上浮的决定是我做的，做好你的事就可以了，上尉。”

吉姆·柯林斯在《从优秀到卓越》一书中写道：“一旦一个领导让自己成为员工顾虑的首要因素，而不是鼓励他们关注现实状况，那么这家公司肯定要走向平庸或是更糟。”9名无辜日本船员的生命戛然而止无疑是“更糟”的情况了。

美国宾夕法尼亚大学沃顿商学院教授亚当·格兰特将专权蛮横的领导称作“索取者”，这些人总是想尽办法从别人那里得到尽可能多的东西。“虽然团队成员会将这些‘索取者’视为高效的领导者，但实际上‘索取者’会给整个团队的表现拖后腿。”[2] 格兰特教授解释道，“他们在谈话中表现出的霸道专横让团队成员相信他们是强势的，这样却遏制了信息分享，阻碍大家交流好点子”。格兰特教授设计了一项简单的实验来证实其影响。他与同事将各个小组集中起来，让小组成员完成叠T恤的任务。所有参与实验的小组被分为两批，在第一批的几个小组里，格兰特安排了几位领导扮演话语强硬、对组员行动指手画脚的角色。实验开始之前，那些领导还特地花时间阅读了关于外向型人格优点的书籍。另一批小组的领导者则没有读那些书，格兰特要求他们对听到的话保持平和，平静温和地对待组员，对其行动也不多言。研究人员提醒他们说：“能为团队出力的不只你一个人，还有你的员工。”最终结果显示，那些领导者相对安静、对员工建议始终抱着支持和欢迎态度的团队，任务完成率比另一批小组高出22%。格兰特教授又指出，这样的结果会让一些员工重新审视自己的领导，他们会觉得各自的领导没有想象中那样强大。所以，如果看似不错就是你的目标，那么我们建议你说得再多些；如果表现优异是你的目标，那么我们的建议是，作为领导，你要让员工大胆发声。

美国VitalSmarts医护培训公司，已在全球培训过100多万人。该公司与许多护理机构合作，深入开展了两项医护沟通方面的研究。[3] 此外，这些研究还指出，参与调查的护士中有58%的人承认，“他们总会碰到这样的情形，要么是自由发声不稳妥，要么是无法找到倾听的人”。有时候这类情形非常棘手，比如发现一位经验丰富的医生不称职的做法，同时这一做法导致病人生命受到威胁。这种情况下，我们都理解想要说真话是多么困难。但在了解以下情况后，说真话就变得很容易了。

每年，每20名患者中，就有1人会接受错误的药物治疗；有350万患者会因为医护人员没有洗手，或未采取其他适当的预防措施而传染疾病；还有 19.5 万人会因为住院期间的各类医疗事故死去。

即使把美国纽约洋基体育场、路易斯安那州超级圆顶体育馆和西雅图世纪互联体育场的座位加起来，供每年在医疗机构中因为医疗事故死去的病患使用，恐怕还会缺上 1 500 多个座位。要想解决这个问题，医院领导就要营造一个能让每个人畅所欲言的环境，这里至少能让医护人员大声说上一句："嘿，你忘记洗手了！"

然而，许多护士却学着保持沉默。题为《沉默会杀人》（*Silence Kills*）的报道引用了企业沟通的相关研究并总结道："解决这些无法商谈的问题，需要文化习俗、社会规范以及个人技能更深层次的变革。"[4] 我们并不否认这类问题的出现多半是因为文化因素，文化告诉那些团队新成员什么"该说"，什么"不该说"。在打造畅所欲言的团队文化的过程中，领导者必须挣脱这种文化羁绊。作为领导，你要塑造文化。领导通过自身的言行控制事态发展，最重要的是，你通过转变自己的心态促进团队工作有序推进。试想一下，一位护士的冷漠会对其本人及其同事产生怎样的影响？她当时很担心患者的安全，所以联系了值班医生。

> 那位医生当时在参加一个晚宴……他毫不隐讳地对我说，如果他回来发现病人并无大碍的话，我就倒大霉了。回到医院后，他将病人带进了手术室，因为那位患者出现了下肢动脉闭塞的症状。我从未对检查结果如此紧张过，但同时也暗自松了一口气，好在我判断正确。

这位护士“松了一口气”，因为她没出什么错，因此也就不会遭到那位医生劈头盖脸的责骂了——即便这意味着那位病人真的出了问题。

VitalSmarts公司对普通医护人员进行了培训，向他们传授大胆发表意见的必要技能。在培训报告的结论部分，几位负责人对那些表现突出的护士的特点做了以下描述：“在阐述观点时，他们首先表明自己的积极意图，然后尽可能地用事实和数据说话。”VitalSmarts 对人们进行再教育。然而，该培训公司教人们做的事情，他们其实在读幼儿园时就敢做，那就是大胆发声。这在“沉默文化”里的确是一项必要技能，可要是那些领导能摒弃废话、放下自我、珍视每位员工的观点、用心让员工说出他们心中所想的话，又会怎样呢？[①]那样沟通会不会更简单，更明智，更轻松，也更有效呢？

“你最好别打扰我的晚宴好时光。”您没开玩笑吧？!

① 另外一个主要障碍是领导者的不安全感。《畅所欲言》无非关乎两点内容：自我意识与自我管理。本书只对那些承认自身存在这些问题（或部分问题，或全部问题）的人有帮助。

第六章

人们害怕评判

若被恐惧笼罩，终将一事无成。

——弗罗伦斯 · 南丁格尔（Florence Nightingale）

得克萨斯州科尔曼县地处偏远，位于达拉斯西南 200 英里处。时间回到 1960 年一个炎热的夏日，杰里 · 哈维在岳父家门廊的折叠纸牌桌上玩着多米诺骨牌。彼时气温高达 40 摄氏度，靠着小电扇不时吹来的风和冰镇柠檬水，难耐的酷热才稍稍得以缓解。但杰里还是开心地玩着骨牌，眼睛不时向下看看自己的脚。细细的灰尘吹过露天平台，消失在地板缝隙之间。

杰里的岳父打破了这周日午后的宁静时光，他提议全家开车去阿比林吃晚饭。杰里心里想着："什么？去阿比林？"一想到自己要和妻子及岳父岳母挤在一辆没有空调的别克车里，驱车53英里去吃这顿饭，杰里就无法忍受！可他还没来得及摆出苦脸、皱紧眉头，妻子就插话进来："这主意棒极了！"

杰里只得勉强同意，随后岳母也表示同意，还说自己已经好久没有去阿比林了。所以那天的北上家庭旅行，一家四口全票通过。随后杰里担心的所有灾难接踵而至："夏日的炎热令人难以忍受。到达目的地时，汗水和着一层厚厚的灰，裹在我们的皮肤上。"吃过饭后，一家四口火速赶回家去，一心只想着去门廊下吹着风扇，摆脱这恼人的热气。

夜色寂静，只有那台小风扇在吱呀作响，杰里决定缓和一下尴尬的气氛。"多棒的一次旅行呀，对吧？"此时，大家心情沮丧，突然间没有人再害怕别人的评判了。杰里的岳母恼怒地表示，她倒宁愿待在家里："要不是你们非得让我去，我压根儿就不会去那儿！"很显然，她之前说的"好久没去阿比林”的意思是，她并不介意这趟旅行来得更晚一些。杰里则回击说，他在家里玩儿多米诺骨牌就很好，也没想着要去阿比林。他的妻子对他俩的话表示鄙视，还责怪自己的父亲和丈夫：“还不是你们的主意！”

杰里的岳父大声说道：“胡说！我就没想去阿比林，还不是怕你们在家无聊！”原来四个人为这趟旅行投出的赞同票都是违心的，原来那个心照不宣的选择其实是整晚坐在门廊那里乘凉，哪里都不去！可一切都太晚了。往返阿比林的旅程已成事实，杰里与他的家人也无法挽回那流逝的5小时时光！杰里事后做了如下反省：

> 互相指责一通后，大家都不作声了。按理来说，我们四个人都明白事理，也都具备独立的决断力，却莫名其妙地在这个炎热的午后驱车往返106英里，冒着劈头盖脸的尘土，穿过寸草不生的沙漠，只为在阿比林一家芝麻大小的简陋餐厅吃一顿难以下咽的晚饭。当时，我们其中真的没有一个人

想去那里。[①]

阿比林悖论是一个经典理论。杰里·哈维教授1974年首次讲到这个故事，旨在说明“一致赞同”的局面带来的危害往往比组织冲突产生的危害更不易察觉。杰里认为，具备判断力的人选择沉默是出于恐惧：“研究与体验都表明，所有能想到的惩罚措施中，古希腊的‘陶片放逐法’（排斥某人，或者将某人边缘化）影响最大……阿比林悖论的核心，即人们不敢冒险，因为这很可能会招来他人的恶意评判。”[②] 我们将失败的家庭旅行和水门事件这类重大的灾难性事件，归因于社会评判带来的恐慌。当一位议员问道：“若当时有人反对‘水门计划’，究竟会有什么后果？”尼克松竞选团队的副主

① 这个故事完全借用了《组织行为学经典案例》（*Classics of Organizational Behavior*）一书中收录的杰里·哈维的原创文章《管理中的阿比林悖论和其他思考》（*The Abilene Paradox and other meditations on management*）。杰里提出的“阿比林悖论”在通俗文学中常被误用，其核心便是，大家共同选定的行动方案肯定是每个人都不愿意选择的方案，然而团队仍会选择这个方案。其实，这完全是每个人未能坦诚直言的结果。

② 此处我们冒昧地将原文的“分离”一词替换为“恶意评判”。这两个词都很有力，却都不恰当。杰里着意指出的是社会孤立的影响，但恶意评判则开创了一种心理孤立的形式。

管杰布·马格鲁德信誓旦旦地表示：“没什么后果，先生。”此次事件中的同谋、白宫职员赫伯特·波特则向参议院调查小组坦言：“坦白讲，这次事件中，我选择了随波逐流……因为我怕如果我没有同意大家的意见，团队内部会向我施压，甚至将我排除在小组之外。”对美国这次最具破坏性的政治事件的深入分析显示，尼克松竞选连任委员会中没有一个人认为非法闯入水门大厦是个好主意，但所有人还是一起踏上了“阿比林之旅”。现在我们讨论的是成年人身上的问题，究其原因，症结还是同行（朋辈）压力。这些时刻，就该说不。在缺乏强大内在动力的情况下，人们若是对社会各方的“不赞同”都害怕至极，那么我们可以想象当有权势的人物参与进来时，大家会多害怕自己遭到毫不留情的评判！

对个人在团队中的心理安全问题进行研究的专家中，埃米·埃德蒙森可谓是当仁不让的权威，他对人们优先维护个人形象、保住个人颜面的方式做了解读。人们害怕向他人求助，承认错误或寻求反馈，即使这样做会惠及整个组织，因为这些不足可能会“给那些影响决策的人留下不好的印象，毕竟他们可以决定你的升迁、加薪以及项目委派等诸多事项”。[1]

在前文提到的加里·斯塔瑟谋杀谜案实验中，我们发现：人们更愿意说出大家都知道的事情，却不敢说出只有自己知道的事情，因为他们怕那样会显得自己十分愚蠢。或是像埃德蒙森所言，也许他们暗自担忧说出自己“专有的”信息会削弱自身价值（好比“成人版”的“别告诉别人自己家庭作业的答案”）。而其他人保持沉默，可能出于更单纯的目的：有些人只是不愿意让别人觉得自己很嘚瑟。

这些情感上的压制是人类的通性，这类通性会因为领导吹毛求疵的尖刻评判而愈加明显。在《情商 2:影响你一生的社交商》一书中，丹尼尔·戈尔曼指出，这是神经力学作用的结果。“害怕领导[①]的评价，或是害怕自己看起来很蠢”，这类源自他人的威胁会导致皮质醇（应激激素）指数激增。皮质醇水平越高，人就越焦虑，表现也就越差。我们的分析能力、创新能力和沟通能力也会随之丧失。

马尔科姆·格拉德威尔（Malcolm Gladwell）在《异类：不一样的成功启示录》（*Outliers*）一书中，提到了航空年报

① 戈尔曼的书中使用了“老师”一词，以教室为故事背景。为了达到效果，本书用了“领导”一词。

中一个值得注意的事实："机长和副机长在飞行过程中责任均等，但从历史记录来看，机长坐在'机位'上时，发生坠机事故的概率其实更大。"[2]乍一看，这种说法似乎毫无道理，因为机长几乎可以说是经验最丰富的飞行员了。但看看下面的解释，你就会觉得这话简直是世界上最无可挑剔的话了。因为机长负责指挥，而副机长仅起到建议和暗示的作用。两人的区别在于一个人可以说"右转 30 度"，而另一个人只能说"我想如果可以，您向左（或向右）转 30 度会更好"。飞机由最缺乏经验的飞行员驾驶反倒是最安全的，对此，格拉德威尔解释说："因为这意味着副机长不会害怕说出自己的想法。"也就是说，副机长无惧得到一个资历尚浅的飞行员对他的评价。

坦白地说，评判他人的另一个问题是，我们其实并不善于对他人做出评判。来看看研究教给我们的几个关键概念吧。领导一开始会有一个刻板印象，例如，在我们说出萨米卡 · 威廉姆斯（Shameka Williams）这个名字的时候，你的大脑会立刻创建一幅图像。并非是你有意为之，这只是大脑的自然反应。现在得到那张图像了吗？现在我们又说出一个不同的名字萨拉·韦斯特（Sarah West），你的大脑中又会出现另一幅不同的图像。你能看到萨拉吗？再来一个名字——阿拉德亚·苏布拉马尼（Aradhya Subramani），你的大脑中又会闪现出另一幅图像吧。这些图像可能都不是十分清晰，但你还是可以根据名字和脑海中的图像描述出每位女士的特点。如果接下来我们问你哪一位是全职妈妈，哪一位是谷歌公司的IT（信息技术）主管，哪一位是全美女子篮球联赛的球员，你都可以轻松答上来。可能你觉得这样做是坏人之举，但事实上，你仍旧会毫不费力地给这三位虚构的女士做出分类。这就是我们大脑的运行模式，对我们来说这可以算是身不由己，情非得已。[①]

故事继续，假设萨拉走向河岸，那里看上去是什么样子？什么颜色？有多宽？在哪儿？外面的天气如何？现在，你脑子里会出现萨拉的形象以及河岸的样子。2002年诺贝尔经济学奖得主丹尼尔·卡尼曼会让你觉得自己想象的还不全面，他进一步解释道："如果故事前有一句'河水缓缓向下游流去'的话，你的脑海中可能又会出现一幅完全不同的景象，

---

① 请记住：领导者越觉得自己有权势，他们产生僵硬刻板印象的可能性就越大。当时，拥有至高权力的希特勒便将模式化观念转变成了民族精神。

河岸当然也会是截然不同的模样。”[3]

“萨拉走向河岸”是一个模糊的描述。在缺乏上下文的情况下，你的大脑仍然创建了具体信息。阅读本书的绝大多数读者压根儿都不会想到河岸。这三位女士没有任何实际信息，我们只是围绕着她们的名字展开假想，①我们对于这些名字的加工，以及我们对于河岸的误判都是大脑机能在每日分支中复制拼凑来的。

我们再接着往下想：若将萨米卡、萨拉、阿拉德亚三人派到你的“商人坠楼案”专案组，你又如何决定究竟根据哪一位的分析来锁定凶手？第一位发言人的地位会立刻受到冲击，三人中长相最好的一位会占有一定优势。其中一位女性可能会提到自己的大学学历，她戴着时尚的眼镜，或者脸上挂着友善的笑容。笑容会赢得信任，但亲切友善总会被视为与能力负相关的表现。而她圆润的下巴也会让你觉得她的专业水平并不扎实。你会倾向萨米卡的意见，因为她身材高挑。信不信，你判断其能力的依据，其实就是她打篮球的技术

① 我们也在猜测，大多数人的脑海中应该会描绘出一个白人妈妈，一位印度IT主管以及一位黑人篮球运动员的形象。

（高低）。如果她是全美女子篮球联赛的全明星球员，你会将其视为全明星侦探，这是“光环效应”的结果，因为我们很难自己做出理性的评判。我们从某个方面（是否帅气、友善或体格健壮）看待一个人的方式，往往会转变为从各个方面（是否聪明、有创意且善于分析）看待这个人的方式。

假设你允许任何下属发表观点（因为你是一名掌控全局的领导），首先发言的那位女士，其地位很快会被发言频率最高的女士超越。掌控谈话时间越长，发言者赢得的地位就越高。但我们在这里要再次提醒您，谨防“光环效应”！如果阿拉德亚的第一次发言非常精妙，那么不管她接下来的六次发言多么无逻辑、无条理，你都会觉得她的话没有瑕疵。反过来说，如果萨拉第一次的发言听起来不大靠谱，你就会觉得她没什么价值。而在接下来的20分钟里，她可能会像神探夏洛克一样鞭辟入里地分析案情，你的大脑却总对她开头那段不靠谱的言论耿耿于怀。《经济学人》（*The Economist*）中写道：“如果我们第一次见到某人时就觉得她光芒万丈，那么我们以后就很难觉得她黯淡无光。”[4] 这类判断迅速、不合情理且通常错误的评判事例简直不胜枚举。斯坦福大学领导力及组织行为专家德布·格林费尔德教授告诉我们，人们对他人能力做出判断的时间尚不足短短的0.1秒！①

如果你是我们案例中的领导者，眼下正为之前与挚友的争吵感到心烦意乱，前一天晚上又看了一部令人局促不安的电影，或者你现在仅仅因为饥肠辘辘，而耐心尽失，那你组里的三位成员可就要遭殃啦！你的坏情绪也会影响到她们。实话说，你其实不需要听她们究竟说了什么。导致领导者评判能力欠缺的还有另外一个因素，即“确认偏误”。所谓“确认偏误”，就是**人们为了证实自己已有的想法，会刻意搜集有利证据作为佐证**。可怜的萨拉，首次发言便表现得一塌糊涂，连中“光环效应”和“确认偏误”两招。真是棒极了，前述说法通过加粗的方法强调出来，研究表明你更有可能相信这番表述。

事实证明，许多领导也倾向于将更高的职位留给那些表达相对果断的人。如果萨米卡参与了谋杀谜案的讨论，并且表示因为无法锁定凶手她快要疯掉了，接下来又会是怎样的

① 格林费尔德终其一生研究肢体语言、评判以及权力等问题。她的这番言论正是基于这些研究做出的。她曾经观摩过我们的一个项目，而我们有幸亲自聆听了她对这番话的解释说明。

情形呢？她已经从案件的各个角度审视了所有的证据，就是无法下结论。如此一来，你还会认为她是坦白和直率的吗？读到这里，你也许会马上说："当然啦！"那如果萨米卡对如何管理员工、向哪家公司投资或者是否出售子公司等问题提出自己的见解却始终无法得出结论，你很可能会认为她这个人优柔寡断。"得了吧，萨米卡，别告诉我你不确定，马上给我做决定！"连我们自己都不相信我们居然敲出来这句话！作为曾经的大学生运动员、非知名企业家以及退役的军官，我们做过什么来支持那些稀里糊涂的不确定想法中存在的可贵之处呢？经过多年的研究与观察，我们认为，倾听员工口中未经过滤的真实想法比倾听他们运用技巧加工过的内容要有意义得多。

如果阿拉德亚积极参与讨论，并表示她对某项决定毫无异议，我们会十分肯定她的勇气。这就是现实世界版的绝地控心术，我们可以将"挑战者号"爆炸事件以及奥巴马医改网站启动失败等事件都归因为领导要求确定的答复、恶意中伤畅所欲言表达的观点的同时对他人的观点表示怀疑。反之，如果在你的团队里，"我不确定，我需要帮助，我有个新点子"这类话能得到重视，如果人们交流时可以说出自己所想，说出口的话再也不用通过“图像处理软件”的美化，又会怎么样呢？

总的来说，领导别人是件苦差事，许多因素会妨碍工作，包括我们自己的想法和情绪。我们的生活忙忙碌碌，压力重重，工作又要求我们迅速做出反应。我们需要直奔主题的汇报，我们没有时间听别人胡说八道，也不想浪费时间听那些愚蠢的想法。但我们可以更加深刻地认识到自己心存的偏见以及影响我们判断的相关因素，并想办法改善这种状况，在这一过程中，让其他人自由发言来提醒我们的方法尤其有效。下面请你仔细思考截至目前我们谈论过的所有话题，我们一起将这些话题与畅所欲言相关研究的三个极具启迪意义的片段联系起来。

1.斯坦福大学的格林费尔德教授表示：“一个观点是否具有说服力，鲜少取决于其自身质量的高低。有很多正确的观点，要一直等到对的人将其说出，人们方才表示关注。”我们往往意识不到自己的刻板印象、“光环效应”、内心的偏见以及主观的评判。无论是有心还是无意，我们会把人分成三六九等（为他们的地位赋值）。毫无疑问，你一定有过这样的经历：你分享了一个观点，在当时没得到什么回应。但两周后，你的同事迈克和阿曼达又重新提出这个观点，你的老板维奥拉突然觉得，这个点子妙极了！

2.哈佛商学院教授埃米·卡迪多年来潜心研究权力、肢体语言以及反应的影响。她解释说："人们往往会根据一个人表现出来的强势程度来评判其能力。"许多相关研究证实，谁在讨论中话最多，最先发言，说话最果断，谁就会获得小组中最高的地位。这些人也就是大家心里的"最佳人选"。[5]

但是……

3.根据内向人格分析大师苏珊·凯恩的研究："最会说话和有最好的点子之间根本没有关系。"[6]但这并不意味着那些很能说的人提出的观点都很糟糕，只是说他们的观点和那些沉默寡言者的观点不分伯仲。并非所有沉默寡言的人都是天生内向。很多人在职场之外十分外向。之所以缄默不语，是因为他们曾经受到过领导的压制，过去说真话吃过不少亏，曾经因为做出评判、提出反对意见而备受冷待。他们不愿说出自己的真心话。他们逐渐形成了内向型人格，只为在职场中谋生存。而我们作为领导，非但没能让内向型员工吐露心声，甚至还让那些外向型员工选择了闭口不言。

领导通常会听取公司内部地位较高的员工的意见

（通常他们压根儿听不进任何外人的话）

⬇

那些讲得好、讲得早、说得多、声音响的员工会获得较高地位。

⬇

最会说话和有好点子之间根本没有关系。

⬇

啊哦，糟糕！

第七章

拒绝导致厌倦

倘若士兵有问题不再来找你，到那时你就无法再领导他们了。他们要么不再相信你能帮助他们，要么断定你不关心他们。这两种情况都是领导能力欠缺的表现。

——科林 • 鲍威尔 (Colin Powell)，《我的美国之路》(*My American Journey*)

肯·罗宾逊爵士曾发表过题为《学校教育如何扼杀我们的创造力》（*How Schools Kill Creativity*）的精彩演讲，成为有史以来点击率最高的TED演讲。自2006年发表以来，演讲的观看人数已逾4 000万。在这场演讲中，罗宾逊爵士说了这样一段引人入胜的话："……孩子愿意冒险。对于未知的事物，他们愿意去尝试。我说得没错吧？他们不怕犯错误。"在这场TED演讲中，他主要讨论了创造力这一话题，指出许多公司普遍存在对错误“零容忍”的情况。罗宾逊认为：“如果你不愿意犯错，就永远不会有任何独创……我们的教育体制正在扼杀孩子的创造力！”

一个自信的幼儿园的孩子有可能比一个受过正统训练的海军中尉更适合做舱面值勤军官。在当时的情况下，孩子马上就会举起小手，撅着小嘴，对那位艇长说：“我们得随着潜望镜走嘛！”但是现在孩子成了成年人，成了自我压抑、犹豫不决而又顾虑重重的成年人。在成长过程中，我们几次三番地因为说错话被处罚，在那之后我们便会放弃说真话的习惯，也不再和别人分享自己的想法。

劳拉·洛斯罗普（Laura Lothrop）曾经有个想法。她曾有过很多想法，她在很短的时间内取得了教育和教学学位，又花了十多年的时间养大了5个孩子，同时她还帮助丈夫开创了非常成功的事业。她也曾一手拿着摩托罗拉手机（指挥司机去不同的地方），一手抱着刚出生的宝宝，最初的日子难免艰难。客厅就是她的办公室，沙发就是办公椅，一张Playskool品牌的幼儿玩具桌就是她的办公桌。可在2004年，她的世界分崩离析了。洛斯罗普经历了一场痛苦的离婚大战。在旁人看来，上百次大大小小的官司过后，她失去了房子、车子，那家当初夫妻共创的公司也只落得一半。她只得去一家赌场的餐厅打工，为了考取理财规划师的证书劳拉苦苦奋斗，忙碌的生活里她还得送孩子踢足球、去学校、去他们爸爸的家。

2011 年秋天，洛斯罗普的生活有了起色。她在网上向当地的一家零售商提交了一份求职简历。要知道，在Monster.com网站提交简历并获得面试机会的概率，比高尔夫球赛“一杆进洞”、买彩票中大奖的概率还要低，洛斯罗普却幸运地接到了面试电话。一位连锁商店的地区经理正好让各店铺招聘一两名“外援”任经理助理。洛斯罗普的学历和工作经验给他留下了很深的印象，最后她被录用了。几个星期后，洛斯罗普正式入职了。虽然已年过半百，但她对生活仍满怀期待，积极向前。这家公司为她提供了广阔的发展空间，而她本人也相信自己可以立刻贡献力量。在为期 6 周的新经理培训课上，她拿到了最高分，也得到了鼓励：“凭你的领导能力和敬业精神，你肯定能很快得到晋升。”

培训课程结束后，洛斯罗普回到工作岗位，在分配给她的第一批任务中，有一项是要让一个经营不善的户外生活区起死回生。她不知疲倦地招贤纳士，积极执行正当程序，努力满足主管的各种期许。可她的职场之路，却十分艰难。因为她是外聘“空降”到这个工作小组里来的，所以她的同事大都不待见她。而她的老板伊莱恩貌似比其他同事更不喜欢她。在这个工作小组里，洛斯罗普完全成了一个不受欢迎的主儿。

但她知道这份工作就是自己的机遇，所以她咬牙坚持着。在工作中，她花了大量的时间与到店的顾客交流，倾听他们的问题和担忧。后来他们谈到了植物的移栽问题，许多顾客问到该如何移种花卉植物，他们总担心在换盆、移栽过程中自己会害死心爱的植物，因此顾客总是迟疑着不敢动手。就是因为这种担心，顾客才不买新的花盆，洛斯罗普从中发现了商机。她想起在高中的园艺选修课上，老师讲过，每 6 个月就要为植物换一次花盆，每次的花盆直径都要比先前的大 5 厘米才好。这样一来，商店就可以设立一个小型指导站，员工在这里快速教会顾客如何安全移栽植物，同时普及这项“5 厘米”规则。短短 3 分钟的教学，带给顾客的是有价值的服务，为商场带来的则是更大的销售量。

洛斯罗普将自己的这个设想对老板和盘托出。她希望这会成为她凭着自己的创意和创新，提升自我价值的最佳途径。尽管已经入职很久，可能够有机会分享个人想法还是令她兴奋不已。虽然洛斯罗普对公司的运作及零售实践缺乏了解，但她可以通过自己的新视角和新理念来弥补这一欠缺，这也是这家公司雇用她的初衷。可洛斯罗普将心思花在了别处。经理对她说："专注自己的本职工作和每天的任务就好，别再有这种荒唐的想法！"沮丧的洛斯罗普那天下午给弟弟发了短信，希望他能安慰自己一下。她写道："我想我要等待属于自己的时机。在我有了自己负责的店铺之前，我再也不会提出任何建议了。"可那个"时机"始终没有到来，9 个月后洛斯罗普辞职离开了这家公司。[①]

如果劳拉·洛斯罗普是你接下来要录用的员工，要获得她的信任，你有一场硬仗要打。要她提出自己哪里需要改进，举起手提出一个新观点，或是要她承认自己不太明白……可能需要时日。她的前任老板，以及她上一个公司的企业文化

① 后来我们同这家公司的一位副总裁说起这件事，还没等我们把洛斯罗普被辞退前想到的那条妙计说出来，这位高管就声明："那个主意真棒！我们可以让那些供应商为培训站埋单，卖掉更多商品。"

都在告诉她要学会“低头不语”“只做自己的工作就好”。无数创意十足、聪明机智、有冲劲有理想的人，过的日子和我们没什么两样。但他们的脑子里，藏着许许多多能将公司建设得更好的点子和想法。

像劳拉·洛斯罗普的老板一样的上司，你的员工可能从未遇到过。但总有某个人，在某一处，剥夺了他们想要为公司做贡献的那份热情。我们在一家大公司的中层领导会议上，与大家分享了洛思罗普的故事。故事讲毕，我们问在座的各位，是否有人有过相似的经历。许多人慢慢地举起了手。坐在前排的一个男士举了手，随后有些不好意思地说起了自己的故事。他一直从事金融工作，可有一天他的老板派给他一个复杂的营销项目。这位女上司明知道这不是他擅长的领域，却还是让他负责这项工作，并承诺：“如果你有什么问题，或者你需要什么帮助，一定要告诉我。如果你还是觉得力不能及，大不了这个项目我交给别人做。但我还是希望你先试试看。”

这位老板曾经为这个营销项目奋战了两个星期，可到他这儿，他开始犹豫要不要干了。

我真的没有能力把这个项目做好。我是个搞金融的，而这是一个营销项目，还是个很重要的营销项目。于是，我去找老板，告诉她我需要帮助，告诉她我认为如果这个项目由别人牵头会更好。听完我的话，她停顿了一会儿，看着我，用严厉的语气对我说："刚才这番话我就当你没说过。千万不要和别人说'我干不了'这样的话，因为下一秒所有人都会知道你能力不足。这样你的职业生涯就全毁了！"那一刻，我明白了永远不要在老板面前说实话，只要我闭嘴就对了。

从那一刻开始，比起他对于开口寻求帮助或是承认自己需要帮助的那份恐惧，"什么才是对公司最好的"这个问题于他已经算不上什么了。在他眼中，那位本该负责回答他的问题，给他提供指导，发掘他的才能的老板，早已变成了潜伏在高高的草丛里，给他下套，等着他说出真话、中计上钩的一头猛兽。

第三部分

如何培养坦诚直率的企业文化

第八章

假定积极意图

如果一个人不信任你，无论你如何斟词酌句，他都会误解你；
如果一个人绝对信任你，无论你的表述多么苍白无力，他都会觉得你说得在理。

——布鲁斯 · 布朗（Bruce Brown），宝洁全球首席技术官兼创始人

打造一种坦诚直率的企业文化，让员工可以畅言自己的问题和疑虑，好点子和馊主意，反馈和担忧，这样的企业文化会激发出积极的意愿，增强企业的凝聚力，而这正是一个企业的核心所在。你赋予员工畅所欲言的权利，允许他们为了企业及其所有员工的利益发声，他们可以知无不言，言无不尽。这是个效力问题，而非能力问题。我们的意思不是说，想对企业产生积极的影响，员工就必须具有很强的能力；我们的观点是，员工必须要有想去表达的积极意愿。

当史蒂文·豪施卡提出海鹰队不该射门的建议时，他内心一定是希望帮助全队获胜的。

当一个海军少尉告诉艇长，潜水艇潜望镜还需再上升一些……

当岳母承认她根本不想去阿比林……

当劳拉·洛斯罗普建议向客户展示如何移栽叶子植物……

当一个护士提醒医生“请您洗手……”

以上的话都出于积极的意图。尽管在培养领导力的过程中我们总是传递这样一个观点“领导力与你无关”，可事实上，领导力与你完全相关。作为一个领导，你必须在企业中培养这种积极的意图，你必须做到这一点，否则企业就会裹足不前。那么如何做到这一点？如何让企业的每位员工都能心怀大局利益，畅所欲言？作为领导，你又如何在团队中激发这种积极的意图？

这很简单。

假定员工有积极的意图便可。

是的，这很简单，可也最艰难。对大多数领导者来说，他们需要在思想上做出重大转变才行。要实现思维方式的切实、可持续地转变可谓艰苦卓绝，历时长久。华盛顿州贡萨格大学教授，心理学家（同时也是本书前言的作者）尚恩·雷·费尔什要求潜在客户向他咨询之前要提出自己两年期的小计划，因为相关心理学研究表明，完全确立新的行为、实现性格转变，需要 2~5 年的时间。在心理学上有一个普遍共识——请假装成功，直到成功（Fake it till you make it）。费尔什解释说："如果一个人谦逊，温文尔雅并且坚持不懈，那么他多半会达成自己设定的 2~5 年内实现性格转变的目标。而过于自我、不愿向严峻的现实挑战、容易屈服的人通常不会实现改变。"[①]

① 费尔什是一位学术水平一流的教授，同时是一位优秀的同事，他为我们提供了上面这段原话。他曾应邀来到我们的领导力培训项目做演讲嘉宾，那时我们听他讲授个人改变方面的课程。

2003年的一个秋日，在西点军校塞耶大楼的地下室里，作为领导的道格·克兰德尔的所有做法都发生了转变。道格联系埃弗里特·斯佩恩（Everett Spain）一起讨论转年夏天新进教员的培训事宜。埃弗里特·斯佩恩少校管理一众领导，他能处理好各种琐事，比如抢占“最小”办公室的问题。在他眼里“团队领导最后吃饭”。[①]过去几年里都是斯佩恩负责新入职教师培训工作，而道格会在来年6月接力承担这项任务。教员培训工作坊（Faculty Development Workshop，简称FDW）是西点军校核心领导力课程设置（PL300）的短训班。道格及其同事要以学生身份参与为期6周的课程，每节课时长55分钟。这门课他们很快就要讲授。8月一过，他们都得上岗，每个人教授4门实践课，内容涉及变革型领导、文化、权力、影响力或其他主题。教员培训工作坊中，有经验的老教员会扮成学生，他们有的会提出刁钻的问题，有的会假装睡觉，有的会一个劲儿讲话，还有的在快下课时把书本翻得呼啦啦作响。西点军校的学生大都遵规守纪、聪明机敏，可他们毕竟

① 领导力哲学家西蒙·斯涅克（Simon Sinek）将这一说法用作一本畅销书的书名。这一理念几十年来一直作为军事文化的重要产物而存在。

还是大学生。经验老到的教员想让这些新教员做好准备。在和道格讨论这项角色扮演传统的优点时，斯佩恩稍稍提高了自己的声音，正色道："我特别讨厌这个做法！特别讨厌！"

埃弗里特·斯佩恩是现实版的阿甘（但他更聪明）。他在美国陆军游骑兵学校就读时，曾因体温过低而心搏骤停，差点儿丢了性命。当时一架黑鹰直升机把他送到最近的急救室，那里的医护人员帮他抢回一条命来。他所在的工程公司获得享有盛誉的"德雷帕"（Draper Award）欧洲最佳团体奖后，斯佩恩选择在杜克大学学习商务专业，之后又回到西点军校任教。2004 年，他从教学岗位抽调到伊拉克，其间他被弹片所伤，也因此成为西点军校第一个（也是唯一一个）获得紫心勋章的学术教员。后来，斯佩恩又成为白宫学者，他很快晋升为陆军上校并获得哈佛大学博士学位。同时在毫无准备的情况下，他在波士顿马拉松爆炸案中最先做出反应，凭借自己的无畏壮举获得了最高和平奖章。而今，斯佩恩回到了西点军校（一间更大的办公室），成为领导力研究所的所长。

2003 年的那个秋日，斯佩恩义正词严地宣称自己很讨厌这种角色扮演的把戏，道格坐在那里惊呆了，他暗自思忖：

只有埃弗里特讨厌这事吗？

“为什么，埃弗里特？你为什么讨厌这种做法呢？”

“我讨厌这种角色扮演，因为我从没有遇到过坏学生，一个也没有！我们教导新教员说学员可能会在课上睡觉，会问刁钻的问题，甚至表现得像个小混混。我们开始就让他们对学生有了这样的印象。但说真的我没遇到过一个坏孩子。他们每个人都在努力地做正确的事情。”

道格已经不记得他什么时候决定去验证埃弗里特·斯佩恩的观点，不过肯定不是立刻决定的。道格带着一丝嘲笑离开了斯佩恩的办公室。从没有遇到过坏学生！好，那又怎样！他随即决定去听几节斯佩恩的课。课上没有人睡觉，没有人乱翻资料，没有人问刁钻的问题。斯佩恩的肢体语言处处表现着他对学生的尊重，师生间的互动生动活泼，妙语连珠。走出他的教室一两米来到大厅，道格透过窗子看向其他教室。那里的学员眼神呆滞，面带恐惧，看起来有些绝望。然后，砰！视线又回到斯佩恩的PL300课堂，学员高举双手，激烈地讨论如何最大限度地激励他人，而斯佩恩只是站在教室的角落安静地看着他们。

他一直都在践行自己独有的教学理念：利用一种经过科学验证的心理现象——皮格马利翁效应来管理课堂。这一理论可以追溯到半个世纪以前。这种心理现象表明我们对他人微不足道的看法会影响他人的态度、行为和表现。斯科特·斯努克（Scott Snook），退役陆军上校，哈佛博士，在世纪之交曾帮助西点军校改变领导培训机制。他声称："在心理学方面，皮格马利翁效应并未受到应有的重视，而该理论对领导者来说有着最为强大的暗示作用。"①

如果你不忍心看到实验室的小白鼠被用作实验品，那么你可能不会喜欢接下来的这个故事。但这个故事对我们理解假定的意图如何带来真正的意图具有启发意义。1966 年，J. R.伯纳姆（Burnham）为一家培训学校的研究注入了一些灵感：探究实验预期如何影响实验的最终结果。之前的许多研究表明，如果实验人员相信他们的老鼠具有"天赋"，这些小动物在一系列迷宫实验中会表现更好。实验前，实验监控人员假设高级啮齿类动物身体协调能力更强，需要的鼓励更多，需要的矫正

① 斯努克是位能力出众的教师，现为哈佛商学院高级讲师，正带领整个团队开发及讲授诚信领导的相关课程。

反馈更少。没错，我们在讨论老鼠，那些长着尾巴的小动物，不在实验室时它们就生活在阴暗的小巷和下水道里。

伯纳姆想让实验更复杂些。他通过一系列实验对小老鼠进行迷宫锻炼，给大约一半的老鼠做了大脑皮层移除手术。另外一些老鼠则接受了“假”手术——只是在脑袋上弄了很小的伤口，但并没有移除皮层。实验结果具有压倒性，在迷宫实验中表现最好的，是那些切实拥有脑皮层的老鼠，它们的“领头人”相信它们的大脑在全面运转（也就是说大脑有脑皮层），事实上它们的大脑也的确有皮层。这样的结果一点也不奇怪。

© Robert Adrian Hillman

然而，如果一只老鼠的大脑皮层没有被移除，但实验人员通过其脑袋上的伤口断定其大脑皮层被移除了，这只老鼠的表现便会一落千丈，同那些真的做了手术的老鼠的表现相差无几。［或许你会猜测，即使实验人员相信他（她）的老鼠大脑完好无损，也不能解决脑皮层被移除的问题。］

这项实验告诉我们，只要你的员工有正常运转的大脑，假定积极的意图就会促成最佳结果并以压倒性优势获胜。同年（1966 年）晚些时候，哈佛大学的罗伯特·罗森塔尔（Robert Rosenthal）同旧金山港湾区教育家勒诺·雅各布森（Lenore Jacobson）联系，二人决定对人类受试者进行研究，判断对学生学习能力的预期是否会影响其实际的智力发展。他们的实验结果经常被引用来支撑这一观点——我们对于他人的看法会直接影响他人。

罗森塔尔和雅各布森在橡树山中学的研究发现，事情确实如此。如果老师习惯性地认为学生的学业成绩会触底反弹，这些学生的成绩就会大幅提升。老师对这个群体的学生便会更有兴趣、更喜欢、更公平地看待，认为他们将来一定会更成功。然而，正如研究人员在实验过程中让实验监督人员确信自己的小老鼠有“天赋”（简直荒谬）一样，在橡树山中学的实验中，那些随机选择的学生也被告知自己的成绩会有大幅提升。此次实验极其有力地证明了老师的看法对于学生课堂表现的影响。[1]

以色列特拉维夫大学教授多夫 · 伊登（Dow Eden）将这项研究推向了新的高度。1982 年，伊登得到机会参与以色列国防军作战指挥课程。以色列国防军允许伊登和一位同事运用和 20 世纪 60 年代中期那次小白鼠实验类似的手法，给 4 名军队教员一定的信息：参与作战指挥课程的学员，一部分被分到高级指挥潜能（Command Potential，简称CP）组，一部分被分到普通指挥潜能组，还有一部分被分到未分类组。正如小白鼠实验一样，这次实验完全无章可循，前面几项分类指派完全是随机的。未分类组的加入，旨在消除 4 名教员对实验分组的怀疑，让实验看似更具合理性。

7 周后，结果出来了。高级指挥潜能组的表现优于同期学员，伊登总结道："按照传统的百分制评分标准，高级指挥潜能组的成绩高于平均成绩 15 分。这种表现差异充分证实了皮格马利翁效应。"伊登得出了一些结论，这些结论所有领导者都应铭记于心。

> 那些对学员怀有极高期待的教员，都是非常出色的领导者，而那些对学员少有期待的教员，则称不上好领导……如果诸位经理能够像对待期望值最高的那部分职员一样，对所有的职员都予以特别关注，那么所有员工都会有更好的表现。[2]

没错，就是这样。多夫·伊登历时数年得出了这样一个简单的结论：领导有怎样的期待就会得到怎样的结果。迷宫实验中获胜，良好的课堂行为，训练项目中的出色表现或是员工的积极贡献，都证实了这一结论。有一点令人欣慰，即身为领导的我们一旦开始心怀期待，这一观点便会越来越清晰地呈现出来（尽管并不轻松）。我们可以为员工设定一些积极、崇高的愿景并帮助其达成目标，也可以将他们看作一般人并保持现状。至于如何做，选择权在我们。

多夫·伊登是位不拘一格的学者，他对懒散心态影响的研究在全球颇具影响力。他进一步炮制了以色列国防军实验的迭代分析图，发现皮格马利翁效应会有正反两方面作用。[3]

消极的一面叫作戈莱姆效应（Golem Effect）。[①]如果我们认为自己的下属懒惰、愚蠢、迟钝或具有其他消极特性，那么消极的结果一定是我们自己一手造成的。伊登同样还验证了小组层面的皮格马利翁效应。在不同的以色列国防军作战指挥课程中，教员对于全排的学员抱有一定的期待。结果还是一样，领导抱有怎样的期待就会得到怎样的结果。

伊登表示，皮格马利翁效应研究的核心要素是：领导者和被领导者都是毫不知情的实验参与者。以色列国防军作战指挥课程实验中的各位教员完全不知道实验条件是虚构的，他们真的相信其中部分学员具备高级指挥潜能。斯科特·斯努克这样给我们解释："如果一件事情完全在你掌控之下，至少有一件事你可以做到，那么这件事就是你可以决定对自己的下属有怎样的期待。"你必须真的相信自己的员工是有能力的——无论他们是否真的具备这种能力。当一个四年级的老师认为自己的学生有"天赋"时，所有的事情都会发生微妙的改变。这一切都要归因于老师。如果一个学生的名字旁边

① 戈莱姆在希伯来语中意为"蠢人"。

标有星号（表示他很优秀），可他却挂了一门考试，这位老师会怎么想呢？我肯定让他失望了。他这么聪明是不会挂掉考试的。然而，若是名字旁边没有星号呢？老师对这名学生的看法肯定会发生改变，他一定没有好好学习，他就是没那么聪明，他根本就对学习不上心。一个简单的符号，就会改变人们对同一件事情的评论、建议或是批评。

当埃弗里特·斯佩恩告诉道格自己从没遇到过糟糕的学员时，他并没有把道格带到白板前给他解释多夫·伊登的实验，也没有提及实验室的那些小白鼠，（除了建议在新员工培训过程中免去角色扮演的把戏）他根本就没有试图说服道格相信任何事情。斯佩恩少校只是轻描淡写地说："我从没遇到过糟糕的学员。"问题的关键是，他相信这一点。

在斯佩恩观点的指引下，第二学期伊始，道格也下意识地告诉自己，我从没遇到过糟糕的学员。1月初，一位学员在上早课时迟到了，他慢慢腾腾地来到塞耶大厅，不得已敲了敲教室的门（想在15名同学面前引起注意），敬了个礼说："报告长官，学员哈里斯来晚了。"道格没有回礼，而是在脑海中快速思考这名学员刚刚去哪了。他可能睡过头了，他根本不在乎我的课，他就算来了也不会集中注意力听课。在这一串想法在他脑海中迅速闪过之后，道格马上就回到了讲课的正题上，而此时那个学员都还没有来得及坐到自己的座位上。道格学着像埃弗里特·斯佩恩那样改变自己的想法，那个学员敲门报告说自己迟到的时候，道格微笑地看着他，心想：他迟到一定有正当理由，有可能是其他教员留他，所以才来迟的。领导者内心闪过的这些想法，会对其下属产生直接影响——影响他们的行为和表现方式。

在接下来 4 年半的时间里，道格的学员表现都很优秀。这些学员并没有做出改变，做出改变的是道格本人。他甚至有一些反正统文化而为之，他告诉学生，如果迟到不必敲门示意，“我相信你们有正当理由，所以进来坐下就好”。他真的确切地知道自己的学员有正当理由吗？可能并非如此。但他从来不会担心这个问题，他只是假定他们是有的。也许有的学员偶尔会欺骗他，但道格认为选择相信还是值得的。这种难以置信的积极想法给他带来了巨大收益。他相信自己从没遇到过糟糕的学员，秉持这种理念管理课堂的时间越久，学员的表现就越好。道格的课堂变得越来越不像夏季短训班的课堂，而更像是埃弗里特·斯佩恩的课堂了。

在西点军校的教学经历，逐渐改变了道格对学生的看法，他认为自己遇到的每个学生都是优秀学员。后来，他在其他专业领域坚持以这种观点看待他人，曾经他就是这样训练青年篮球队的。再后来，他将这种想法付诸某些非常测试。当他从自己的黑色本田雅阁车上下来，透过顶端有着锋利倒钩电线的铁丝网围墙向里瞧时，他轻声祈祷：“上帝啊，保佑我不要遇到糟糕的囚犯吧。”他觉得自己或许需要上天略施神力，才能让这个安全水平中等的监狱内部充满积极意图。

道格进入狼岭教管中心的教室，目之所及，周遭的一切都在告诉他这些犯人非常凶恶。穿着制服的警卫、金属探测仪、身份检查、高电压门带着凶兆时开时闭。穿过迷宫般的门和铁丝网，道格来到一个开阔的监狱院子，他心里想着，当穿过这片安全区域时，我真的能凭一己之力走出来吗？在他面前30米左右，有两个“罪犯”牵着一只中型犬。一个蓄着山羊胡子、浑身刺青的男人，身着褐色衣服，推着一个类似手推车的东西向前走着。道格努力向前挪着步子，他径直朝教学楼走去。

他的第一堂课比预想中要好一些，也要糟糕一些。好的是，从学术角度看，教管中心的一切看起来颇有些社区大学的意味。这里有一间摆满了计算机的实验室，每间教室都配有白板，为了方便管理，每门课程的选课人数都控制在20人左右；糟糕的是，他很快发现，这些人的罪行从谋杀到持械抢劫到敲诈再到醉驾都有。他知道自己的想法会驱动自己的行为，并最终产生皮格马利翁效应或是戈莱姆效应，非此即彼。理论上讲，这一次是最艰难的积极意图测试了。

一学期过去，纳特·科尔布雷（Nate Corbray）、丹尼尔·谢伊（Daniel Shea）、尼克·邦恩（Nick Bunn）、赛拉斯·罗宾斯（Silas Robbins）和叶尔姆·乔（Jermal Joe）成了班里的优秀生。另外两位帕西·莱维（Percy Levy）和戴夫·沃克（Dave Walker）更是出类拔萃。确切来讲，莱维算是在监狱出生的。他的母亲在新墨西哥州教管中心关押期间怀上了他（看来夫妻探监确有其事），直到莱维10岁她才期满释放。那时的小莱维想，我终于有机会和其他人一样有一个妈妈了。莱维的妈妈却和别人的妈妈不一样！将小莱维从第23个寄养家庭接回来仅仅几天之后，这位妈妈就狠揍了他一顿。从此，挨打成了莱维的家常便饭。那个给了他生命的女人，那个本该给他讲苏斯博士（美国儿童文学）、为他做花生酱和果冻三明治的妈妈，却拿餐刀扎了他的胳膊！几年以后的今天，莱维在这个培训项目的结业典礼上说："本来我可以给在座的各位讲讲我小时候的各种遭遇，可那些事情太过残忍，所以最好的做法便是让各位自己去想象这些事情。话虽如此，在座的各位应该无论如何也想象不到那些故事有多残忍的。"

莱维在演讲课程中拿到了A+，然而，在此之前，世界上没有一个人相信帕西·莱维的话，一个都没有！全世界70亿人中，从来没有一个人相信经帕西·莱维之口说出的话，没有一个人会假定莱维说出的话包含某种积极的意图。下面这个"玩笑"是全体新进教员进入狼岭中心培训项目的一部分，这是华盛顿州教管所全体工作人员每年都要完成的任务。

问：如何判断一个罪犯是否在说谎？

答：只要他们张嘴说话，就一定是在说谎。

换句话说，每年教管所都会提醒所有工作人员，这里关押的所有人无时无刻不在说谎。教管所还会提醒工作人员，犯人总想操控他们，他们要做的是时时防卫。我们相信，这绝不是官方课程包含的内容，但文化和官方信息原本就无甚关联。

当然，帕西·莱维有其局限性，他愤世嫉俗，身材健硕，有时他会发怒，还总是爱盯着别人看，但他也有完全不同的一面——非常优秀。

另一个成绩突出的人是戴夫·沃克，他身材高瘦，秃顶，不像莱维那样惹人注目。据我们所知，莱维犯下了持械抢劫罪，他还把几个人狠揍了一顿。戴夫则多次贩毒。他卖毒品，也就能买到毒品。“我是个瘾君子，”沃克对我们说，“最后我的律师受够我了。我记得我站在法庭上，她对法官说，‘沃克先生已经堕落到谷底，还在谷底铺陈摆设，搬了进去，在那儿住爽了’。”

“三振出局”法则让戴夫·沃克获罪十余项。他有足够的时间讲述自己的一生。

记得19岁那年，我在一家切肉厂上夜班。几个哥们儿下班后会带我去酒吧——我们喝酒，狂欢，吸可卡因。一天早上醒来后，我发现自己要迟到了。当我跑着穿过厨房时，我与父亲擦身而过，他几乎从不跟我交流。我9岁之前压根儿就没见过他。1973年的情人节，他突然出现，向我的母亲求婚。我真的不知道该如何看待他。可那天早上，他在厨房揪住我，把我的身子扭向他，用手指着我，充满厌恶地嘲笑道："等你40岁的时候，你每天都会孤独地醒来，一无所有！"

在戴夫40岁生日那天，他的确独自醒来，一无所有。他被关在铁窗之内，牢房冰冷，床铺单薄。父亲的话不断在他脑海中回响，当日厨房中的那一幕不断在记忆中闪现——他能看见自己扭过身子，也能捕捉到父亲眼中的不满。那个短暂的场景在戴夫40岁生日那天的早晨不断回放，他索性大哭起来。两年后，戴夫·沃克戴着镣铐，穿着橙色囚衣，出席了他母亲的葬礼。他的父亲先母亲一年去世，但戴夫没有参加他的追悼会。

在教管中心开展了近三年教学工作后，道格由衷地感慨道：“我从未遇到过一个坏囚犯。”在西点军校担任领导的经历促使其改变心态，这种改变继续影响着他在监狱中的教学工作。当然，我们并不是在过分吹捧道格的领导能力。相反，我们只想说明，当道格改变了自己的思维方式时，他周围的一切也随之改变了。如果你的员工都愿意畅所欲言，如果你打算从自己坦诚的员工那里得到令人难以置信的益处，你就永远都碰不到“差学员”。

我们两个人（道格和马特）在得克萨斯州卡罗尔顿城中一个名叫“狼岭”的地方，一起教授一个快班的课程，这是我们教授的最后一门课，开设这门课是为让那些表现优秀的囚犯认识到生活的积极因素。我们把听课人数限制在15人以内。要想选上这门课，犯人要具备3.5或更高的平均绩点，之前一年内他们不能有违法违纪行为，同时还必须提交一页纸的文章，说明一下他们为什么有资格选这门课。提交选课申请的人有100多个！选到课的犯人有生以来第一次获得“优中之优”的称号，这给他们带来了无穷的力量！这些男人居然哭了！我们与入选的学员共同度过了10周时光。其间，我们安排了嘉宾演讲和领导力哲学论文阅读，还意外开展了从教以来最成功的课堂讨论活动，帕西·莱维和戴夫·沃克这两位也位列这些优秀学员之中。

莱维在课上说过几次难听的话。他每次不爽时都会发泄出来，我们都假定他的出发点是好的，也许他只是渴望得到别人的理解。时至今日，我们还能收到他通过Jpay电邮系统传来的信件，他的妻子也是他的脸书好友。因为表现良好，他获得了更多特权。同时，以优异的成绩在社区大学毕业之后，莱维又出版了4本小说。这几本书讲述的都是城市里有趣、真实的故事。实际上，莱维同我们说了几次千万不要读他的书。尽管他和我们已经成了朋友，可还是害怕我们对他做出评判。然而，你现在完全可以在亚马逊网站上找到他的书。我是说真的，输入“帕西·莱维”，一搜索就能找到。[①]

戴夫·沃克取得了副学士学位，他还差几个学分就可以修完俄亥俄大学学士学位的课程了。他的学业完全是通过蜗牛邮件完成的。沃克是我们最喜欢的学员之一，至今我们依然与他保持书信往来，为他推荐阅读书目。我们建议他，除了大

① 《行业的奴隶》（*Slave to the Trade*）系列及《都市爱情》（*Urban Love*）系列。

学课业课程，还可以研读丹尼尔·戈尔曼的著作《高情商领导》(*Primal Leadership*)，莉兹·怀斯曼的《成为乘法领导者》(*Multipliers*)，埃德加·沙因(Edgar Schein)的《组织文化与领导力》(*Organizational Culture and Leadership*)以及道格拉斯·斯通(Douglas Stone)、布鲁斯·佩顿(Bruce Patton)、希拉·汉(Sheila Heen)及罗杰·费希尔(Roger Fisher)合著的《高难度谈话》(*Difficult Conversations*)。[①]这些书戴夫都读完了，每本书他都写了一份迷你“读书心得”，他把这些心得寄给了我们。其中一份心得是和一封长信一并寄来的，信件内容折射出一点非常重要的信息——戴夫·沃克在畅所欲言！在信中他规划了自己出狱之后的人生，他还表示自己可以成为一个(有着传奇人生经历的)世界级领导力开发者。

权力、拒绝、厌倦抑或是对评判的恐惧可能会扼杀一个了不起的梦想，但沃克说出了自己的梦想。作为领导，我们的工作就是尊重每一个员工做出的尝试，同时鼓励他们讲出脑中所思、心中所想。即使在一座安全程度一般的监狱里，

---

① 这些都是与领导力及领导力发展相关的优秀图书。

假定积极意图也会创造积极意图。一伙手持武器的强盗、杀人犯和毒品贩子放下屠刀，洗心革面，开始畅所欲言。如果能让这些参加领导力速成课程的学员穿上卡其裤和衬衫，再把他们放在哈佛商学院的某个地方，没有人能看出他们与其中就读的学生有何差异。

在本章开头我们引用了布鲁斯·布朗的话，我们相信他的话放在那里非常合适。请你回头再读读这句话。作为领导者，我们需要听的不是别人说了什么话，我们需要关注的永远不是那些话本身。重要的其实是你如何解读说话人的意图。史蒂文·豪施卡当然想在全美橄榄球冠军赛中获胜。海鹰队教练皮特·卡罗尔本来可以从豪施卡的话中读出这名球员心存自我怀疑、软弱、自私甚至怯懦等消极情绪，但他没有这样想。相反，他假定豪施卡的意图是积极的。当一位护士提醒医生说“请记得洗手”，这名医生既可以假定她是个自大狂，不喜欢自己，或者爱唠叨，也可以想：这名护士对病人真上心。在前文中我们分享了“医院沉默”的案例研究，针对那些鼓起勇气成功发声的护士，我们得出一个结论：“他们一开始就亮出了自己的积极意图。”

以下是我们的建议：永远不要等任何一名员工向你解释他们的积极意图。你要在一开始就假定他们的意图是积极的。表达这一观点最强有力的话语就是："你如愿以偿了。"假定积极意图的方法不管是对实验室中的小白鼠、中学生、以色列军官、西点军校学员、青少年篮球运动员还是对那些重罪的犯人，都会产生积极效果。无须将数以千计的护士、舱面值勤军官、射门踢球手与助理经理送去进行沟通培训。相反，你要在自己的组织中创造积极的意图——假定存在积极意图。你不能假定积极意图是小范围偶发性的，而是要假定每位员工皆有善意。这样做最初无疑会令人尴尬，可如果你决心转变思维定式，假定自己的下属所言都是出于最大的善意——即使他们的说话方式不对，说的话也不中听，就一定会创造一个人人畅所欲言的良好氛围。

在读下一部分内容之前，请你停下来好好思考一下：你如何看待下属发言的意图和动机？你选择相信什么？你的话语和肢体语言要表达什么？最后一点，你真的愿意下定决心接受一个新的观点，让公司和员工变得更好吗？

第九章

证明发言是安全的

脆弱不是弱点……是对我们的勇气最精确地衡量。

——布琳 · 布朗 (Brene Brown)，TED 演讲，2012 年 3 月

大学期间，马特·金凯德常常打暑期工挣钱，一个假期过去不过只攒下了可怜的2 500美元。大三那年的暑假，为了多赚点钱，他决定组建一个大学生专业油漆工团队。马特认识一个人，这个人凭借这样一份工作，一个暑假就赚了14 000美元，于是马特决心试上一试。了解了这份工作的具体事宜后，马特雇了9名大学生成为自己的员工，其中包括他的朋友塞思（Seth）。马特和塞思从初中二年级起就认识了，马特十分信任他。9 名员工分为三组，塞思很快就成了其中一组的头儿。

整个暑假，马特事事亲力亲为，他总会提前一两周完成工作计划，还贴心地给愿意接纳意见的员工做出评价。他甚至自掏腰包，请了几个可爱的女大学生敲开街坊的门，让她们微笑着和开门的人（希望是个年轻小伙）搭讪，向人们征求更多的意见。他总是和员工在一起，不是评价他们的工作，就是和他们一起刷漆。他睡得不多，每天工作 15 个小时是常态，初次创业毕竟令人兴奋。

一晃 6 年过去了。马特和塞思都到了二十五六岁的年纪，这天，两人正在夏季联盟篮球比赛中与一队小伙儿切磋球技。篮球总是将他们紧紧联系在一起。众多朋友里，找不出比他们两个更热爱篮球的了。他们定期调整自己的日程，好约出来见个面，打场球。有时候如果能偷偷溜进某个体育馆打上一个小时的球，哪怕半夜他们也会出来。这天球赛结束后，塞思问："马特，我们能谈谈吗？""当然！什么事？"

塞思是个非常安静的人，平日里总是一副沉静的样子，几乎从不吐槽任何人、任何事。马特想，塞思可能要说他和女朋友闹矛盾了，或者说些类似的琐事，也就没有多想，他只是看着塞思，等他说下去。“有件事困扰了我很久……”塞思顿了顿，继续说，“你还记得我们在普尔曼为一位老太太的房子刷漆的事儿吗？她的房子不靠路边。”听到这里，马特的脑海里立刻浮现出那幢房子的模样。那个暑假他俩在普尔曼刷过的房子不过三幢，其中只有一幢的主人是女士，还不靠路边。马特好奇塞思为什么问这个：“嗯，我记得，怎么了？”塞思接着说：“你当初对她说我们会用一种特别的底漆粉刷她家的墙体，这样就能除去上面的苔藓，可为什么最后我们没有用呢？”

听到这个问题，马特眯起眼盯着塞思，他的大脑飞速运转着。他从未想起他们当时居然忘了使用恰当的底漆，当想到这件事的时候，马特立马记起了自己当日和那位老太太的对话。他记得那幢房子有些年头了，门口的地板满是裂缝，客厅在二楼，当时他们就坐在一张20世纪50年代的沙发上，听她说外墙体上的苔藓给她带来的困扰。他想到老太太微笑着签下粉刷合同时，布满皱纹的脸是多么慈祥。马特突然感觉胃中翻腾，不舒服得很：“我不知道，我一定是忘了用。”

几年之后我们讨论写这本书时，马特总是想起他和塞思的那番对话。回想当年，马特一直觉得作为那家粉刷公司的领导，自己工作得很出色。他的员工看起来都喜欢为他效力，他赋予员工自主权和自由，还经常对他们施以小恩小惠。然而作为领导的马特在两个重要方面没有做好。一方面（也是最明显的方面），他失信于客户。他向那位老太太做出了承诺，可他和他的员工都没有兑现这份承诺。而在员工完成粉刷、将防溅布卷起装好、将梯子搬上车、准备去做下一份工时，他已经收下了老太太的佣金。

另一方面，马特失去了塞思的信任。他不知道自己作为领导所拥有的权力，已经妨碍了塞思在重要时刻——在大错即将酿成，两人的默契关系一触即破时——勇敢发声。马特此前从未着意保障沟通渠道的畅通，所以塞思当然不觉得自己可以畅所欲言。更糟糕的是，好几年后，塞思才鼓起勇气问马特当年的事，想自己求个问心无愧。

如果当时塞思就大胆提出关于底漆或苔藓的问题，结果会比现在好很多。至少，塞思不会多年来始终带着负罪感生活。而马特则非常有可能专程买来刷墙需要的那种底漆，兑现自己对客户的承诺。这一举动也会使塞思笃信畅所欲言没有问题，进而鼓励所有员工在未来的工作中更加坦诚。鼓起勇气谈及使用正确的底漆刷墙的这件事，不应该成为塞思当日百般踌躇却始终未做的事，而应成为他不假思索脱口而出的事。如果当初马特着意在这家小公司内培养一种开放而自由的文化，并且提醒员工可以（并且应该）发表观点，提出疑虑，那么这家公司当时很可能真的就有了这样一种氛围。

可是以上的“如果”不过是从未发生的假设罢了。作为一个领导者，你必须学会辨识障碍，广开言路。仅靠不时地鼓励员工以及实施开放的政策是远远不够的。你必须明确地告诉你的下属，他们可以对你畅所欲言，这话你得反复强调才行。在开展相关研究和编写本书的两年时间里，我们经常问彼此，如何才能培养出这种坦率真诚的企业文化。这件事马特本可以采取另一种做法。他不是一个嗜权如命的独裁者，可他也没有极力证明自己的权力不会伤人。他当时就该对塞思明确说明：

“有话尽管说，我是真心的。请你随时随地随心说。”

而且他应该反复向塞思强调这一点，让他安心。

作为领导，请你明确地向员工表达你对坦诚的欣赏。别想当然地认为他们知道你珍视坦诚，也别猜测他们懂得“说不知道也不打紧”。你得说出来，明天就说，哪怕连你自己都不确定自己是否真的觉得“员工可以对老板畅所欲言”。一旦你说了这番话，为人处世上就要严格照做。有时候，如果你想听到员工的想法和反馈，就必须放低自己的身段，因为一个领导表露出来的权力会使员工缄默不语。如果公司的计算机服务器崩溃，你需要整个团队迅速行动起来，这时你就要站在办公室前面，把控整个局面。但是，如果在分析公司前一个季度的业绩的时候，你想征询员工意见，看看如何更好地发挥团队力量，此时你就得搬一把椅子坐到员工中间，让自己身体微微前倾，面带微笑地同员工说话。你必须在两种身份之间切换自如：需要执行力时，你就是整个团队的“指挥官”；而在团队学习和探讨的时候，你会融入其中并成为一分子。

曾与道格共事的西点军校一流教员雷米·哈贾（Remi Hajjar）教授十分擅长引导讨论。西点军校的教员有时会录下自己的课堂把影像资料作为提高教学水平的素材。哈贾教授曾有一次向道格展示了这一情形：当他站在教室前面时，班级学员的参与度会迅速下降。而当他坐到学员中间时，情况则大为好转。这样一个简单的转变削弱了教授的权威地位，鼓励了学员大胆发言。

作为领导者，不论是口头还是书面承诺，你都要高调且清晰地表示自己接受且鼓励坦率真诚的企业文化，这是保证下属畅所欲言的第一步。当然，你还需要付出更多努力。前文中我们说到一位从事金融行业的男士被派去做市场营销项目，他的女上司告诉他，如果遇到困难就向她求助，可当他真的去求助时，又被老板揶揄鄙视，如果你就是他的老板，以后无论你说什么，你的话里总会透着不诚恳。你的信誓旦旦甚至会激起一些员工的冷嘲热讽，因为这样的话他们听多了。因此，你必须告诉员工："畅所欲言是绝对安全的。"然后，你还得向那些曾被领导的出尔反尔激怒或压根儿不信这些话的员工证明这一点。

证明"畅所欲言"这片水域无害最有说服力的方法就是你本人亲自蹚过去。如果你是一名拥有合法权利的正式领导，那么当你展现自己有人情味、不设防说话的那一面时，员工对你就没那么害怕了。以下是我们一位同事的故事，他就是这么做的。

詹姆斯·卡梅伦（James Cameron）花了5年时间建立起沃尔玛的“领导学院”，后来公司提升他为副总裁，并让他主抓公司领导培养的全局优化工作。[①]卡梅伦的成长始终带有叛逆的色彩，他16岁被踢出学校，从未上过大学；作为一名年轻的英国陆军中尉，他险些因为在军事驻地极速飙车而受到军事法庭的审判。他不喜浮华，因此也不会对英国王室亦步亦趋，而他偶尔也会提起女王授予他“大英帝国司令勋章”（Commander of the Order of the British Empire）[②]的那次会面。但作为英国反恐行动的负责人，卡梅伦的工作的确非常出色。他对全球问题和国际政治了如指掌。当他谈到中东冲突、拉美地区的独裁者、东欧的极端主义的时候，沃尔玛的高管对他的观点都会照单全收，他们很珍惜这种进一步了解全球化经济的机会。

卡梅伦有时会尽量让自己听起来聪明一些。他机智敏锐，脾气暴躁，在他内心某个小小的角落里总是藏着一种不安全

---

① 此詹姆斯·卡梅伦非彼詹姆斯·卡梅伦（与《泰坦尼克号》及《阿凡达》没有任何关系）。

② 大英帝国司令勋章，级别次于爵级司令勋章。

感。他会拉过一把椅子坐在员工围拢的小圈子中间，坦言道："我觉得我和其他人一样聪明。但因为没有大学学历，我一直害怕别人的评判。实际上我在努力一点点地弥补这一缺憾，可这个问题还是会妨碍我发展，这才是我真正需要克服的问题。"每逢此时，员工对他的信任就达到了顶点。这个团队后来还亲眼看到卡梅伦当着 40 名雄心勃勃的公司副总裁面也说了这番话。卡梅伦承认了自身存在的问题，此举相当于纵身跳进了一片黑暗的深水区。据卡梅伦的一名下属杰夫·韦布（Geoff Webb）回忆说：**"在他分享自己脆弱的一面时，我们感觉自己从未如此信任他、接近他。"**

分享脆弱会让他人对你产生信任。让自己变得脆弱，通过自己愿意说的话以及说话时的亲切态度向他人证明：在你面前畅所欲言是安全的。前文中提到的埃米·埃德蒙森教授，作为研究领导-下属沟通问题的专家，他支持如下观点。

> 领导者必须营造一种心理安全的氛围，从而促进人际交流，人们身处其中可以畅所欲言，也可以提出异议。营造这种氛围的一个基本途径就是行为模拟：承认对一

个话题或专业领域的无知，传递自己也会犯错的意识。

让团队中的每个人都有这样一个想法：拥有不同的观点，是一件好事——如果怀着积极意图提出不同的意见，大家也会认同这种不同。要想让别人拥有不同的观点，你自己要足够“脆弱”，这样他们才能信任你。詹姆斯·卡梅伦的团队里，没有人在乎他有没有学士学位。他的大智慧是不言而喻的。听罢卡梅伦勇敢的坦白，在场的所有人都对他给予了高度的评价和认可。因为他们知道，那一刻，他们的老板愿意与他们坦诚相待。他们开始相信，与领导的交流是安全的。

你已经“明确地告诉他们”……

会议上，你“坐在员工中间”，而非桌子那头……

你一直努力创造“表示欢迎的肢体语言”……

你甚至向员工表达你的歉意，偶尔还会“承认你的无知”，同时表现自己开放的态度……

即便这样做，你的许多员工“仍然不确定”畅所欲言是安全的。

还有最后一步可以采纳：圈出一小片边界清晰的领域。这一讽喻出现于20世纪后半叶，它曾多次用来指代“社会科学研究”的产物（即所谓研究领域圈地）。本书中，我们始终坚持扎实地研究，但我们也公开承认，对于要写的东西尚未找到切实的理论支撑。即便如此，我们还是要分享一位名叫塞思的朋友的故事。（不是前文那个油漆工塞思）

20世纪70年代，许多社会心理学家认为教育实践是在压抑孩子的天性。很多专家在课堂内外探寻能为孩子提供自由和发现空间的方式。他们做过一项关于孩子课间休息的实验。有一个学区主动要求参与实验，想看看使用没有围墙的操场会产生什么效果。研究人员称，理论上说，撤掉围墙能够鼓励孩子走出课堂，在课间休息的时间里，孩子不但可以荡秋千、溜滑梯，他们还可以走得更远，去探索新的领地。于是他们选择了一所学校，拆除了围墙。在围墙拆除之前，课间休息时许多孩子会聚拢到操场玩耍。当然，也有孩子愿意待在操场中间的那个攀爬架附近玩耍，但大部分的孩子都喜欢站在围墙的角落附近，做做游戏，交交朋友。

为了进行实验，学校的围墙被拆除了，此后孩子的行为发生了很大变化，可这变化出乎所有人的意料。此前在围墙周围转悠的那些孩子不知道自己究竟可以去哪里探险，哪里依然是“安全的”。现在所有孩子都退到了操场中央。实验结果令人惊讶，却意义深远：围墙保证了学校安全，事实上也鼓励了冒险。

在本书写作之初，我们和朋友塞思（另一个塞思）讨论了写作内容。他任职于一所较大的教会学校，是一位上任不久的高中部主任。此前，他问过我们怎样才能让团队成员在会议上积极发言。他是个精力充沛、勇敢无畏的领导，虽然有时他也难免会挖苦别人并夹杂一些冷幽默。与大多数刚上任的“新官”一样，塞思有很多新的想法。然而，他的团队更喜欢保持现状。有时候，塞思在会议上希望大家献计献策，团队成员都只会盯着他看，不说话。

随着谈话的深入，塞思向我们透露了一件他不想听到的事：他的团队成员拿他和前任领导做比较。他不喜欢听下属发表意见时以这样的方式开头：“嗯……艾克（Ike）之前是这样做的……”我们建议塞思设立一道“围墙”，让他的下属知道越过这道“围墙”并不明智。但他们可以在其他方面探索和冒险。塞思真心希望下属能对自己畅所欲言。他想听到一切，但是要除去将他和前任上司做比较的内容。这是向员工证明“发言是安全的”最佳时机。这样一来，塞思收到来自员工的反馈也增加了不少。

- **明确说出：“我想听你说出一切。畅所欲言吧！”**
- **参与讨论：“我承认艾克在这项工作中的出色表现让我深感不安，然而这个角色我无法复制。”**
- **划清界限，立好规矩：“我真心想听你说出所有的想法和观点，但有一个例外——请别告诉我艾克是怎么做的。除此以外，什么都能说。”**

如果你能将以上几点落到实处，员工就会越来越信任你。记得要假定积极意图，因为他们的话可能不怎么中听。这样做有时会令人头疼不已，但你必须先假定积极意图，然后统领全局。倾听来自员工最真实的想法，感谢他们为团体建言献策，这一切都需要领导者对员工保持真诚，表示信任。对员工努力工作的认同能将一个人（领导）与一个头衔（老板）

区别开来。在本书写作的过程中，我们也曾收到一些出奇真诚的反馈。

“书中有些故事看起来好像你们就是扬扬自得的领导。”
“我根本搞不懂你们为什么讲那个故事……我被你们绕晕了，完全找不到头绪。”
“此处根本不适合玩儿幽默。”
“你需要重写整个章节，真的。这一章简直是一团糟。”

当真实的想法接踵而至，员工那些未经过滤的话语会挑战你的心脏，也会挑战你的思想。作为领导，我们必须要向下属证明，他们的想法不会被嘲笑，他们的坦诚不会令我们勃然大怒，因此蹚畅所欲言“这潭水”是绝对安全的。我们与你分享的这些步骤和方法还只是个基础。但你必须由此起步，然后对员工微不足道的评价、来路不明的奇怪想法都表示欢迎。每一只探进水里的足尖，都值得赞扬。

第十章

尊重每一次尝试

伟大的精神永远会遭到平庸思想的暴力反对。

——阿尔伯特 · 爱因斯坦（Albert Einstein）

布鲁斯·布朗这个名字在本书中出现过几次。他拥有一批狂热的追随者——男男女女，年龄大都在50岁左右，他们曾是布鲁斯在海克中学任体育教师时期的学生。这些忠实的追随者让布鲁斯在脸书的粉丝数达到50万左右。[①]布鲁斯与大家交流团队建设及领导力发展的心得，分享如何信守团队

① 布朗创建的The Proactive Coaching脸书主页，可以为教练、运动员、父母、领导等提供各种意见和建议。截至本书写作时，该主页已拥有粉丝509 513人。

核心契约精神。从教学和教练的岗位退休后，他为费城老鹰队、全美大学生体育协会冠军垒球及棒球项目以及全国各地的企业做顾问。在当教练的时候，他曾这样教导学生："如果一个人因为粗心犯了错，那么你要赶紧采取行动纠错；可如果一个人勤奋努力、细心认真，还是犯了错，那么你一定要给予这个错误足够的重视。错误越大，你就越要重视它。"①

2002 年夏天，道格在NBA西雅图超音速队的运营部实习。②每天仅有 4 到 5 人负责处理日常事务：球队总经理，主教练，接待员，以及道格的老板里奇 · 丘（Rich Cho,总经理助理）。球队主席沃利 · 沃克（Wally Walker）之所以录用道格，是因为他"价钱合适"（道格在暑期的工作是无偿的，可能他的工作确实不太值得发工资）。通常情况下里奇也不知道该让道格做些什么。有一次，道格花了好几天时间将早已退休或是离开联盟的球员的名字从一些小小的名牌上刮除，然后在名牌上贴上即将参加NBA选秀的新球员的名字。眼尖的他发现，超音速队付给替补队员的薪资高达好几百万美元，

① 布鲁斯还恳请我们"永远不要让一个乐于学习的人窘迫不安"。

② 西雅图也曾有NBA球队特许权。

而他为了刮除那些可循环利用的塑料名牌上的名字，累得患上了腕管综合征，而且每刮一个名牌他不过只能赚到可怜的1美元。截至2002年，超音速队已经6年无缘NBA总决赛，并且已经连续5年没有选到像凯文·杜兰特这样跻身未来名人堂的优秀球员了。作为一个30岁还在攻读工商管理硕士学位的学生，道格在那个夏天在无偿工作，而且还是为一支糟糕的球队无偿工作。

为了有所作为，道格走进里奇·丘的办公室，向他阐述了球队潜在的商业价值。想想这是多么可笑。道格只不过是一名实习生。那个夏天他做的最重要的事情，就是将球队成员的薪资上限电子表格由30个不同的文件整合为一份仅有30页的电子表格文件。然而，道格还是向里奇提出了自己的想法：在过去10年里，超音速队的明星球员一直是加里·佩顿（Gary Payton）。但彼时佩顿已经30岁出头了，超音速队也不知出路在哪里。道格发现，克利夫兰骑士队的几位球员的合同即将到期，于是他建议里奇，以超音速球队的名义，把佩顿送去骑士队，拿他去换受伤病困扰的拉蒙德·穆雷（Lamond Murray）、迈克尔·多利亚克（Michael Doleac）、

布莱恩 · 斯金纳（Brian Skinner）或是里基 · 戴维斯（Ricky Davis），换谁都行。[①]里奇抬头看了道格一眼，做了个鬼脸，问道："你说谁？"随后大笑起来，但明显是带着善意的笑。

在NBA历史上，道格提出的"将佩顿送去骑士队"的想法可能是总经理助理听过的最不靠谱的交易建议了。很难相信他居然大声地说出了这个想法。可重点就在这里——听完道格的建议，里奇 · 丘笑了，道格只好报以尴尬的微笑。后来，里奇走出办公室，拍了拍道格的手臂，告诉他说，自己很喜欢他的设想："再仔细考虑考虑。"

在那个赛季即将结束时，超音速队将佩顿交换至密尔沃基雄鹿队，换回一名年轻球员——雷 · 阿伦（Ray Allen）。这也是里奇的主意，这个主意可以说是天才之举。他了解自己的队员。道格仅仅为里奇工作了几个月，他就觉得自己可以对里奇畅所欲言。里奇 · 丘激励着道格继续发掘有价值的想法。

里奇这种礼貌的回应，用希腊语形容就是"makroth-

---

① 合同即将到期意味着超音速队可以在一年后终止与其合作，空出钱来去签自由球员。

umia”。[①]“makros”意为“长”，“thymus”意为“愤慨”或“愤怒”。英语里将“makrothumia”直译过来，便是“延长了的愤怒”。进一步解释这个词，即，“对无能的耐心容忍”。作为领导，当我们有权表达愤怒或指出一个观点、想法实在愚蠢时，我们却选择不表达那份愤怒，这就会与员工建立起信任。

道格的交易建议十分糟糕，里奇·丘本来可以因此嘲笑他：“别进来用你愚蠢的想法浪费我宝贵的时间了！你只是个实习生！”可是他没有。他选择了尊重道格提出的交易建议，由一个本该在办公室刮塑料名牌的小伙子提出的傻乎乎的建议。[②]里奇对这个（尽管荒谬可笑，却充满真诚的）建议的肯定，也就是他对“makrothumia”一词的深刻阐释，建立最纯粹形式的心理安全。几乎没有任何回报地交易球队的最佳球员本就不是明智之举。里奇完全有理由问道格：“你说谁？”然后礼貌地否定他的想法。

---

① 我们搜索了许多网站，想为这个词选定一个准确的英文译名。查到的大部分译名是面向圣经学的，旨在帮助那些牧师准备布道。幸亏布鲁斯·布朗将这个词引介到英语世界来，并将其用在领导力研究中。

② 里奇·丘后来成为美国职业体育运动史上首位美籍亚裔总经理。

Makrothumia

对无能的耐心容忍

但是，比礼貌地否定员工的想法更重要的是，我们有足够的机会对我们的员工说“好”，并毫不犹豫地通过他们的想法和建议。

每次对下属说“好”或“不好”时，你都做了两个决定：一个是关于这个想法的短期决定，另一个是关于企业文化的长期决定。说“好”灌溉无畏之根的生长。说“不好”（尤其是不加解释或补充说明的否定），则会逐渐熄灭你团队中一些积极分子兴奋的火花。

如果不是关乎生死，那就说“好”吧。

在你的公司里，关乎生死的规则可能是员工必须遵从的，比如恰当的会计程序、安全或是其他数不清的“不可协商”的情况。如果你的员工开启了以上几个关键话题，请你多加考虑再做出回应。可多数情况下，我们是在处理其他事情：一些重要的问题，但无关生与死。为了更深刻的文化内涵、员工更大的发展以及鼓励坦率真诚的企业文化带来的益处，我们大可以放手一搏。然而，有时我们还是条件反射般地说：“不。”当劳拉·洛斯罗普的老板否定她的“盆栽植物指导站”设想时，就是这么做的。著名的3M公司也曾在长达13年的时间里拒绝“便利贴”的概念。作为父母，我们总是对孩子说“不”，因为这比说“是的”和“好的”容易。2012年，我们对数百名曾共事多年的领导者展开了一项调查，让他们回答下列问题：

“有时候，我无法做到对领导坦言，因为……”

调查结果揭晓前我们预计，最多见的回答会是“因为我害怕这样做的后果不堪设想”。但这个答案排名第三，与排名第一的答案数量差距悬殊。受访者的第一选择是：

“因为我觉得这样做没有任何好处。”[①]

这个表述是对如今领导力现状的可悲写照。我们的员工正对我们关闭心扉，因为他们认为畅所欲言是在浪费自己的时间。别再对这种情况放任自流了。对员工的建议说“是的或好的”是解决本书开头提及的“厌倦”问题的一剂良方。一句“是的或好的”能允许、发展和形成较高的参与度，也能体现信任。

即便你就是无法给予这份肯定（这种情况应该很少见），

① 我们的调查中排名第二的答案是，“因为我不确定自己是正确的”人们的确对他人的评判和否定心存畏惧。在对员工做出的最微不足道的尝试表达尊重时，我们还要证明畅所欲言是安全的。

还是要尊重员工每一次坦言的努力尝试。

在 1962 年 10 月骇人听闻的两周里，冷战进入了白热化阶段；世界从未如此接近“核战争”（也许未来会有更接近的时刻）。初秋，美国高度怀疑苏联在古巴部署了导弹，参与了核行动。但苏联总理尼基塔 · 赫鲁晓夫向当时的美国总统约翰 · 肯尼迪保证——苏联绝不会考虑在古巴岛上装配核武器。对此，肯尼迪的顾问提出了合理怀疑，但肯尼迪自己却对苏联的这份“承诺”深信不疑。当年 10 月的前几周中，侦察机拍摄的准确照片清晰地证明：苏联和古巴正密谋运送、组装、配备核导弹，而这一切发生在仅距美国佛罗里达海岸不过几百英里之遥的地方。

此事众说纷纭，但接下来的两周却是美国历史上最安然无恙的两周。肯尼迪凭借出色的领导顺利解除了古巴导弹危机，成功避免了武装冲突，也让世界从半个多世纪的核灾难阴云中走了出来，重回安宁。软弱无力的“一致通过”一度导致猪湾事件这一军事及政治的双重惨败，肯尼迪从中吸取教训，要求其团队提出一系列方案，发表不同的意见。白宫团队提出对古巴进行空袭、空袭前警告及其他多个选项。他们就道德问题、战略问题进行争论，他们甚至考虑到最坏的局面。

肯尼迪的弟弟，时任司法部部长的罗伯特·肯尼迪描述了当时事态的严重程度：“我们每个人都要提出一个建议，一个可能会影响全人类未来的建议，一个如果错误，如果被采纳，就可能意味着人类毁灭的建议。”

作为审议过程的一部分，总统明确表示，他希望大家能够毫无保留地发表意见。他忽略等级和地位，要求团队小组进行平等的辩论。为确保辩论顺畅进行，避免自己的观点给团队带来压力，他每次都会离开几个小时。团队讨论里混杂着出于不同考虑提出的意见。最终，基于多数人的建议，肯尼迪总统指示海军对古巴实施军事封锁，随后美方频繁积极地与赫鲁晓夫及安德烈·葛罗米柯（优柔寡断的苏联外长）展开沟通。接下来的日子里美国有更多的关键抉择和多个转折关头，但凭借着肯尼迪的英明领导，美国都挺了过来。肯尼迪总统老练地指挥着美国蹚过这片危险的水域，竭尽所能给苏联找台阶下，从而避免了战争。

时任美国驻联合国大使的阿德雷·史蒂文森从纽约来到白宫参加针对导弹危机的讨论会。他强烈反对空袭古巴，甚至认为对其进行军事封锁也不行。他建议："我们可以向苏联表明，如果该国从古巴撤回导弹，我们也将从土耳其和意大利撤回我们的导弹，同时放弃我们在关塔那摩湾设立的海军基地。"在场人员全都反对史蒂文森提出的一连串行动。要知道这可是在1962年与恐怖分子谈判周旋，他怎么能有这样的想法呢！

史蒂文森之所以提出这个选项，是因为肯尼迪总统培养了一种坦率真诚的文化——一种绝对的坦率真诚。史蒂文森的想法具有极大价值，这个想法促使总统证明他真心想听到每一个想法、每一种见解。肯尼迪总统驳回了撤离导弹和放弃关塔那摩湾海军基地的设想，但他对史蒂文森做出的尝试表达了尊重。针对美国在土耳其和意大利部署的"丘比特导弹"的价值所在，肯尼迪与团队成员分享了自己的保留意见，并解释道，他早先就要求国务院就这些导弹的撤离进行协商。但现在还不是撤回的时候——不能强制撤回。如今回头去看，史蒂文森的这个建议并不是个好主意。[①]然而事实上，不论

① 毕竟，如果当初放弃了关塔那摩海军基地，美国人就永远也不会听到演员杰克·尼克尔森在电影《好人寥寥》（*A Few Good Men*）中的叫嚣："你们不可能掌握真相！"

这个点子是精彩非凡还是明显是句废话，只要发言者有勇气提出来，我们就该尊重。正是这种非凡的领导力让人们直言，也将世界从核战争中的毁灭性灾难中拯救出来。

里奇·丘对道格愚蠢的NBA交易建议的反应以及肯尼迪总统对阿德雷·史蒂文森的“让步”建议做出的回应告诉我们，领导必须认真对待每一个想法，认真倾听，仔细考虑。然后，即使这个想法荒唐得令人发笑，或是内容干瘪，你都要将想法和提出者联系起来，肯定他（她）的这份努力，并当着团队的面表扬他（她）大胆发言、提出建议的举动。肯尼迪在后来解释道：“虽然我强烈反对史蒂文森的建议，但我非常欣赏他提出这份建议的勇气。”再说一遍，你每次说“是的或者好的”或者“不对”，你每次点头或摇头，你在团队里对史蒂文森的每一次微笑或是皱眉，都会培养或弱化坦诚交流的团队文化。即使一个想法不是最棒的，但所有人都在关注着。如果你能尊重那些最微不足道的尝试，让每一句无畏的话都言之凿凿，掷地有声，那么你便赋予了团队里的每个人自由发声的权利，这些声音中一定会有一些似乎巧妙至极的好点子。

霍华德·贝哈尔（Howard Behar）自1989年起在星巴

克就职，在他接手公司总裁位置的时候，咖啡烘焙机还没有广为人知。随着公司的扩大，业务的拓展，上任之初他便拿出大把时间对遍布各地的店面进行突击检查。1994 年 6 月，贝哈尔前往洛杉矶查看南加州地区的业绩，中途却出人意料地在圣莫尼卡停了下来。那天，他参观的圣莫尼卡分店的每个方面都令他印象深刻，只有一点除外：他很好奇为什么柜台后面有一台搅拌机。那年早春，一位名叫格雷格·罗杰斯（Greg Rogers）的助理经理问老板，自己是否能买台搅拌机并将它带进店里。罗杰斯想试着调出一种冰咖啡饮品。先前他在一家叫“亨弗莱酸奶”（Humphrey Yogart）的店铺里工作，到了 7、8 月份，酷暑炎炎，人们不惜在店门口排起长龙，也要买到他们家的冰饮。而在圣莫里尼的星巴克，在同样的月份，顾客则越来越少。于是，老板同意了罗杰斯的请求，罗杰斯随即买回了一台搅拌机。

当霍华德·贝哈尔慢腾腾地走进店里询问搅拌机的事时，格雷格·罗杰斯给他倒了一杯冷饮样品试喝。尝了一口，贝哈尔面露喜色。他喜欢这款饮料！接下来的团队会议上，贝哈尔将这个想法透露给自己的上司霍华德·舒尔茨（Howard

Schultz），也就是星巴克的首席执行官。然而舒尔茨否定了这个想法。他有两个“重要”的理由。

第一，他不喜欢在店内放置搅拌机，因为这会破坏咖啡店的情调和氛围。

第二，产品开发不是贝哈尔的本职工作。星巴克已经同可口可乐公司合作开发了一些冷饮产品。

贝哈尔起初选择听从舒尔茨的安排，但后来他决定不再遵从老板的意见，转而听取员工的建议。贝哈尔是第二个对罗杰斯说“好的”的人。他致电圣莫尼卡店的经理，告诉她要继续秘密销售那款咖啡冰饮。“两件事，”贝哈尔告诉她，“第一，每晚给我打电话，告诉我销售情况；第二，别对任何人说这件事。”

几个月后，“星冰乐”（Frappuccino）的销售量占星巴克圣莫尼卡店销售量的49%。贝哈尔要求在其他地区试推行“星冰乐”这款产品，最后将试销结果递到舒尔茨手上。“我没有听从你的决定。想看看这款产品给我们带来的收益吗？”此后每年“星冰乐”都能为星巴克公司赚取40亿美元。舒尔茨衷心地感谢贝哈尔。星巴克还应该真诚感谢那位能接受格雷格·罗杰斯坦诚直言的店铺经理，是她应允了罗杰斯买搅拌机的请求。她没有质疑地说“嗯？你说什么？”，也没有说“干好你的工作就好！”。她没有推诿，也没有忘记答复，而是说：“好的。”

“星冰乐”的成功是个有趣的故事。几年前霍华德·贝哈尔前来参观我们团队举办的一个项目，我们有幸听他亲口讲述了这个故事。他巧妙地隐去了其中好笑的部分，随后用真正的惊喜制造了5分钟的悬念。他给大家讲“星冰乐”的故事，说到“星冰乐”每年会为星巴克带来40亿美元的收入时，会议室里出现了一阵骚动。星巴克公司尊重了罗杰斯的想法，奖励他一张5 000美元的奖金支票，一枚劳力士腕表，再加上在20世纪90年代末近乎传奇的地位。其实，他们小题大做了。在星巴克这个庞大的商业帝国里，罗杰斯的想法仅仅出于一个小小的直觉。但是对于想要培养一种坦率真诚的团队文化、启发新思想的领导者来说，他们必须对许多微小的想法和尝试“小题大做”一番。因为如果不这么做，你的员工压根儿就不会做出这些尝试、说出这些想法。

第十一章
保持真诚的好奇

我们看不到世界原本的样子，我们看到的不过是自己的样子。

——阿娜伊丝 · 宁（Anais Nin）

还记得前几章我们探讨的关于评判和否定的话题吗？我们都不擅长对他人（尤其对其意图）做出评判。让我们来玩个小游戏，目的是加深对大脑运转的神秘机制的认识：现在请拿出一张纸，回答接下来的问题（也可以写在本书的空白处）：

世界上最高的红杉树是高于还是低于 1 200 英尺？

下一个问题：

世界上最高的红杉树有多高？

2002 年诺贝尔奖经济学奖得主、经济学家丹尼尔 · 卡尼曼在其著作《思考，快与慢》一书中描述了这项实验。问题的内容并不重要，可以是甘地去世时的年龄，可以是马里亚纳海沟的深度，也可以是尼罗河的长度。（答案见本书第 196 页）这个问题的特别之处在于涉及的参照数字：1 200 英尺。当实验人员问几组受试者“世上最高的红杉树是高于还是低于 1 200 英尺”时，他们对第二个问题（最高红杉树的高度）的回答的平均值为 844 英尺。

接下来实验人员又分别对另外几个小组提问如下问题：

世界上最高的红杉树是否高于 180 英尺？

这个小组成员对第二个问题（最高的红杉树的高度）的回答的平均值为 282 英尺。

很多社会科学家将两个回答中存在的562英尺差距归因为“锚定效应”（anchoring effect）。即使存在些许“心理分歧”（mental ambiguity），我们也会下意识地将想法锚定在问题中提供的数字上：红杉树的问题中的数字为1 200或180。“‘锚定效应’无处不在，”卡尼曼提醒道，“产生‘锚定效应’的心理机制会让我们比自己预想的更容易受到他人影响。”

书中，卡尼曼还提到了另一个实验，就连法官也会随意给一名盗窃嫌疑人定罪。有经验的地方法官阅读了这名窃贼的案卷，随后他开始投骰子，这对骰子事先被做过手脚——无论怎么投，点数要么是3，要么是9。不管哪面朝上，法官都会依据点数做出判决。点数为3的女嫌犯平均获刑5个月，点数为9的则平均获刑8个月。

再回到前文中提到的神秘谋杀案。我们都知道，强势的领导者话太多，他们往往会妨碍团队成员发表意见、妨碍团队成员有良好表现。专横强势的领导在场，反而会给小组表现拖后腿，降低他们叠T恤的效率。领导的权力好比破坏力极强的炸药。如果你在大家讨论前摆明自己的观点，其他人就会自动闭嘴。因为这一举动微妙地传达出一种信息：你根本不好奇他们会提出什么观点。员工由此确定你的言下之意，并开始围绕着你的观点说，他们只会在内容上稍加变通。尽管许多领导并非有意为之，但他们一贯如此。不如明天特意换个方式，就当玩玩也好：你坐在员工中间，提出一个愚蠢或荒谬的问题，然后你兴高采烈地把这个问题说出来，随后要求大家发表意见。你提出的问题可能是：

“我想我们应该取消菜单上的芝士汉堡，换一个更健康的菜品，比如清蒸贝。不这样做会影响我们的收益。你们觉得呢？”

我们猜测，当听到这个问题的时候，少数几名下属会紧盯着笔记本电脑的屏幕，更多人则会点头赞同，小声附和；稍有胆量的职员会保持沉默，若有所思，但他会在心里反驳你：“你说的想法真是疯狂，那会毁了生意的！”他或许会勇敢地问你：“你凭什么认为这样会影响我们的收益呢，老板？”

如果领导者首先提出自己的想法，这样就会锚定谈话的走向，其他员工会立刻犹豫着该不该提出与之相去甚远的观点，因为他们害怕我们不想听。[①]为了表现出真诚的好奇心，你必须放下架子，让手下的员工开启谈话。否则，所有人都会预想你想听什么样的答案和意见，对红杉树问题（以及你的团队需要讨论的所有重要的事情）的回答都会是你想要听的"安全"答案和意见。

与其率先抛出自己中意的观点开启一段讨论，希望员工畅所欲言的诸位领导不如提出一些真正的问题。真正的问题才能激起真正的好奇心。所谓真正的问题，就是你完全不知道答案的问题。因为你真的不知道，所以才会诚恳地征求意见和建议。你发自内心地好奇。[②]相反，如果一个问题关于如何用鱼叉捕鱼，你脑海中一定会产生一个具体的答案，根本不会考虑其他可能的答案。捕鱼问题体现的是伪兴趣，同样是一个以自我为中心的问题。

在布拉德·斯通的《万货商店》（*The Everything Store*）

① 领导者率先暴露个人的脆弱之处，与率先表达自己的观点，这两种做法存在天壤之别：前者是超级棒的做法，后者则不够明智。

② 卡尼曼为我们推荐了基于独立评判原则的另一种方法。他建议与会的团队成员事先写好个人职责简介。"开放性讨论通常的做法，总是倚重那些说得早、说得笃定的观点。"

一书中，有一个故事说明了这个书名的来历。亚马逊的首席执行官及创始人杰夫·贝佐斯（Jeff Bezos）希望周围的人都按照他的要求，执行一套全新的工作方案。贝佐斯义正词严地要求，亚马逊的货品库存应该包罗万象，无所不有，世界上一切有销路的商品，都应该能够在亚马逊上买到。

虽然这样说有些对不起贝佐斯，但亚马逊公司内部就他这一想法展开的“辩论”的确非常具有启发意义。公司成员都拒绝执行这项方案，他们盼着贝佐斯只是三分钟热度，随后这个工作方案就悄无声息地不了了之；又或者，他们估摸着贝佐斯会慢慢忘了这件事。他们对贝佐斯工作方案提出的建议无疑是滑稽的。

“‘差不多’有一切货物还不行吗？”

“有人知道在哪能买到一些供狗玩耍的驯鹿角吗？”

“如果我们无法找到巧克力制成的卡祖笛，你觉得贝佐斯他会注意到吗？”

如果一个像杰夫·贝佐斯一样强势的人提出了上述可笑

的建议，那么这个建议极具“锚定”性吧？恐怕只有时间的推移以及其他亟待解决的问题才能让贝佐斯转移注意力。但那样是痛苦的。贝佐斯起初戏称这项工作方案为“亚马逊史上最关键的项目”。[①]

（以下场景为虚构）

杰夫：我想问问大家，接下来的两个季度里我们最紧要的任务是什么？

贝丝：巩固加强IT基建？

杰夫：不对。（杰夫仿佛握紧了手中的鱼叉。）根本不是。我们的IT基建还不错。你觉得顾客的需求会是什么？

贝丝：哦，对！他们可能需要更好的服务！我们可以考虑将一些顶尖人才重新分配，让他们任主管顾客服务的领导？

杰夫：不行。（杰夫神情激动，扬起手臂）顾客要的不是这个。你对我们的商品有什么看法？

普拉迪普：易贝网有一笔大订单，要不我们启用第三方

---

① 在《万货商店：杰夫·贝佐斯与亚马逊时代》（*The Everything Store: Jeff Bezos and the Amazon Age*）一书81~82页中，读者可以读到“富国银行项目”（Project Fargo）。这部分的精彩内容就包含许多畅所欲言的课程。

商家系统与其交涉？

杰夫：不！不不不！我们一定要去和他们当面谈，拿下这个订单！

（鱼叉刺中了目标，鱼捕到了。）

杰夫·贝佐斯在最开始看起来是诚心发问，可事实并非如此。他的心中早有答案，只是想借他人之口说出来。尤其是当大家开始揣测他想要听到什么样的回答的时候，事情就变得更糟了。叉鱼的时候，“如何叉鱼、捕鱼”这样的问题会令人胆怯害怕，讨论最终会错失目标。在课堂上，如果老师问出类似的问题，那无非是终结课堂活跃氛围的“死亡之吻”；如果在讨论中，你与下属的交谈本就枯燥无味，这些问题只会让情况更糟。但是，如果你真诚地发问，提出“真正的”问题，那就不一样了。

“是什么导致我们漏掉了那个数字？”

“我们怎样才能做得更好呢？”

“你是怎么考虑这项产品的上市时间的？”

“在接下来的两个季度里，我们的运营重点是什么？”

提出真实的问题是你启发灵感、培养坦诚态度的关键手段。千万不要用自己的想法开启谈话，也不要像用鱼叉捕鱼一般，用套路让他人说出你想要的答案。你应该真心提问，并且让大家察觉出你在“套话”的时候，予以提醒。

道格曾当过一年四年级的篮球队教练。队员大多9岁、10岁，他们正处在能够接受批判性思维教育并且学会在球场上自己定夺的年纪。一天晚上，在一次半场练习赛中，一个叫凯德的小球员将球传给队友，放弃了一次空位投篮的机会。此前道格一直鼓励这些孩子，在“看准篮筐”之后大胆出手投篮，可凯德总是犹豫不决。那天晚上道格差点儿就忍不住斥责他了：“凯德，快投篮呀！”但仿佛有什么东西阻止了他这么说。相反，道格问凯德：“你为什么不投篮呢？”他是真心想知道。凯德低下了头，随后抬眼看向道格，嘴里嘟囔道：“教练，当时我失去了平衡，想着这个篮我是一定投不中了，所以才传给了队友。”

道格曾想采取最简单直接的方式批评凯德：直接告诉他该怎么做。然而他转念一想，便打消了这个念头。要知道，如果他这么做，很可能会让凯德迷惑不解，感到挫败，从而错失让他畅所欲言的良机。道格很幸运，他忍住了，并且好好地上了一课：提出真正的问题是极其有效地培养坦诚的一种手段。

作为领导，我们没有必要像道格对凯德那样小心翼翼地对员工说话，但我们一定要用心倾听下属的话。只有和员工建立起真正信任的关系，才能实现毫无保留的坦诚沟通。这种沟通一般会以员工的建议开始，而我们必须循着他们的思路提出真诚的问题。

我们充分认识到，领导力只包含提出问题、听取意见和认真倾听三方面还不够。但领导者在这些方面做得越多，员工就越好过，同时，领导者必须最终做出决定，进行指导，执行方案，他们还得对产生的结果负责。但在收集点子，引入创新观点，发展公司人员及企业文化方面，领导如果有“锚定思维”、喜欢用类似“如何捕鱼”的问题套话这类习惯，是十分危险的。领导者要成为团队的一部分，而不是一味操纵着话语权。

顺便说一下，如果你还没有查到红杉树问题的答案，那就由我来告诉你，世界上最高的红杉树名叫亥伯龙神（Hyperion），位于加州红杉树国家公园。依照树龄看，这棵树 600 岁左右。根据 2006 年的最后一次测量，该红杉树的高度为 379.7 英尺。但是树木要到 700 岁才开始进入“青春期”，所以它还会继续长高。

保持真诚的好奇在于怎样做到，也在于谁能凭自己的想法、点子和反馈让你为之感到惊艳，产生好奇。

拉尔夫·布勒特耶和谢丽尔·布勒特耶夫妇的公司经营苹果生意，业绩可观，成熟果实的日均打包量超过 4 万箱。其种植园占地逾 6 000 英亩[①]，园内种植了 12 个品种的苹果。公司雇有 1 000 多名全职工人，在收获季还会多雇 1 500 名工人帮忙。苹果的好收成，给公司带来了超过 1 亿美元的年收入。1968 年夫妇二人在没有任何务农经验、没有任何资金的情况下开始了这项事业。公司的生意远不止卖苹果一项。在二人白手起家建造的果园之中，有 200 套家庭住宅、一家日托中心、一所小学、一家便利店、一个社区中心、一座小教堂以及一家邮局。此外，为了重振一些生活条件极差的社区，以及给贷款困难的初次置业者提供特别房源，公司还在周边的城市修建了整整一个街区。他们甚至还为来自世界各地的好几百名难民提供了住所。

---

① 1 英亩≈4 046.86 平方米。——编者注

该公司还设有非营利慈善组织——“维斯塔—埃尔莫萨基金会”（Vista Hermosa Foundation），分支遍布海内外，包括美国、墨西哥、肯尼亚、埃及以及菲律宾等国。30年来，他们的慈善募捐价值早已超过1亿美元。除此之外，该组织还花费心力为许多发展中国家修建了清洁饮用水的基础设施，在贫困地区为一些年轻女孩设立了安全屋，希望她们摆脱成为性交易牺牲品的命运。

拉尔夫和谢丽尔夫妇一直都在关注生命垂危的人——事实上，他们和印度加尔各答的特蕾莎修女是同道中人。谢丽尔是个自称“相信梦想”的人，拉尔夫则一心一意经营苹果公司，一直没有手机和电脑。这是真的，不开玩笑。他们开始创业那年，也就是美国实现人类登月梦想的那一年，夫妻俩的愿望不过是付清自己的账单。之后的几年，他们一直都在还债。又过了几年，他们还清了债务，还存了一笔钱。一年后，他们就在断崖上建了一座漂亮的大房子，一条美丽的河从下面奔流而过。

20世纪80年代初，务农人口开始转移。布勒特耶果园里开始出现来自中美洲的人，他们来到这里，追求更高的工钱和更好的生活。他们原先生活的地方位于南部边境的土著社区，那里基础设施缺乏，人们也没有任何途径去接触良好的市场。许多家庭被迫背井离乡，整个社会生活水准差距极大，强权人士和腐败政客过着纸醉金迷的生活。在美国，经济状况也改变了农业活动规律。由于天然气价格飙升，就连曾经如候鸟般跟着天气在美国大陆迁徙的移民务农家庭，也不再开着车子经过一个又一个州、从一个农场到另一个农场了。日子一天天在他们支付天然气费用、解决开车上路的成本和压力中慢慢过去，渐渐地，这些家庭决定进军城市，在城市定居，寻找可以换班的工作。于是，如今的农场冷不防地出现了用工荒，急需务农工人来支持他们不断增长的业务，比如来自中美洲的移民。

在过渡时期，大量拉丁裔移民家庭出人意料地大量涌入果园，取代了美国本土家庭。布勒特耶公司的生意持续红火，这些新迁入的充足劳动力让果园的事业大获成功。那次人口迁徙浪潮过后不久，布勒特耶公司开始包装自己生产的苹果，还特地增设一处厂房，以便加工每天高产量的成熟果实。这种“纵向一体化”的整合手段创造了 100 个新的岗位，但苹果农场当时迫切需要的，只是足够的采摘工。事实上，妇女一直是一批潜在的人力资源。布勒特耶公司很快就发现了这一点，于是公司决定让夫妻搭档分开工作。随着女性雇员的加入，拉尔夫和谢丽尔夫妇开始从她们口中收集新的信息。女人说话比男人更直率，与她们交谈的话题也远远超出苹果生意的范围。从她们口中，这两位老板了解到，她们的生活条件是多么恶劣，心理健康状况是多么糟糕，家庭暴力和酗酒现象更是屡见不鲜。他们听说有些家庭在寒冷的冬夜里只能在车库睡觉，年幼的孩子还会被车库里的老鼠等啮齿动物咬伤。他们还听说这些家庭的父母因为工作忙碌，无法顾及家庭，所以家中年长的孩子会被迫辍学，负责在家照顾弟弟妹妹。由此他们发现，公司农场工人孩子的高中辍学率高得吓人，几近80%。

了解到这些令人心痛的信息，布勒特耶公司开始迅速制订解决方案。他们开始借款、投资，借了又借。他们在果园就地修建了日托中心，接着修建了第一批居民房，还有一家幼儿园和一所私立小学。他们一直在推进这些进取性投资项目，直到整个社区建设完毕。社区配有独户住宅，花园绿地，孩子们可以参加社区举办的课外活动、体育联赛，还有夜晚聚餐。该项目依托维斯塔—埃尔莫萨基金会展开，基金会的名字还是社区里的居民起的，在西班牙语中意为“美丽的风景”。

1987年，靠近华盛顿州普雷斯科特城的一家苹果包装厂内，一个出其不意的灵感火花乍现，点燃了一场不同寻常的智慧和同情心的熊熊大火。这火烧得猛烈，在布勒特耶果园一烧就是30年。这个小小的火花彻底改变了拉尔夫和谢丽尔夫妇公司的经营方式。他们秉承生意就是一场旅行、顺带赚点小钱的经营理念，成为世界上最优秀的仆人式领导力范本。谢丽尔说：“我们雇的包装工人大部分都是女性。她们会同我们交谈，会大声说出自己的想法，也会和我们分享自己的故事。我们就静静地听她们说。”这无疑用一种意义非凡的方式尊重了她们微小的尝试。想象一下，一位领导听到自己的员工居住在会被老鼠咬伤的车库里之后，第一反应竟然是为他们修建200所住房，员工获得的心理安全感该有多大！

美国陆军也有过类似的教训。在阿富汗反恐作战期间，他们曾因为没有及时留意身边潜在的有效人力资源，而错过了大批可能提出的意见和建议。2001年“9·11”事件发生后的几年间，陆军特种部队分队在收集情报的过程中浪费了整整一半的情报资源：在阿富汗乡镇生活的妇女。当地禁止女性与男性交往的文化禁令给情报收集工作筑起了不可逾越的障碍。这不仅让那些妇女持有的宝贵情报白白流失，还让敌人有机会迅速在这些母亲、姐妹、妻子中间散布假消息。如果这些妇女自己认为美国人信不过，也对她们的丈夫这么说，那就证明如果美军对阿富汗男子故伎重施，也会遇到同样的沟通阻碍。因此，在 2011 年，驻阿富汗美军最高指挥官斯坦利 · 麦克里斯特尔将军组建了文化支援部队。该部队由美军中的最精英的女兵小分队构成，与特种部队一起工作。

这些女兵被深入部署到战区，与那些完全避开美国军人的阿富汗妇女建立起信任和友谊。几年后，一位军队发言人称："我们已经证明，文化支援部队具有强大的乘数效应，所到之处都是如此，她们询问当地女性，帮助美方确定目标，缓和两方的紧张局势，还保护当地儿童。"

你领导的员工身上，藏着大量尚未开发的潜力。正如前文中提及的斯坦福大学教授德布 · 格林费尔德教授所言：一个观点是否有说服力极少能反映这个观点本身的质量，如果没有适当的人去说、去讲，许多观点是不会有人听到的。那么，谁又是那个“适当”的人呢？这些人有地位，所以事情最终总会有个漂亮的结局，因为这些人有一个共通点——他们要么说话最多、最先发话，要么着装得体，所以他们总能在领导和团队成员心目中产生极大的影响力。

内向寡言的员工和新入职的员工就好比是包装厂的工人，也是你公司里的阿富汗妇女，他们的看法可能很有价值，却最容易被忽视。我们不会关注性格内向的员工，因为他们总是沉默；我们会忽略新人，是因为他们所知还不够多（也许只是我们这样以为）。[①]内向员工的言简意赅以及新人的不可靠性也降低了他们在公司的地位，然而我们很清楚，如果没有地位的人说话会发生什么：绝对是说了也白说，什么意见都给不出来。所以，我们对这两类员工通常不予理睬。乔纳·莱勒在他的《想象》一书中写道：“我们的思想会受熟悉的事物制约。”所以本书之前提及的洞察力建议人们将新点子

① 我们通常为了寻找新视角录用新人，一开始却总会冷落他们，直到他们“弄清楚界限”在哪里。而到那时，他们已不再是新人，他们看问题的视角也不再新了。

伪装成旧想法，来打破这种制约。[①]

哈佛商学院的工商管理教授卡里姆·拉哈宁（Karim Lakhani）针对这个问题发表了见解。拉哈宁对《大西洋报》解释道："每个人都讨厌新奇事物，但是专家往往会对自己领域的建议批判过度。"我们的自我意识总会从中作祟。因为新的点子，特别是来自新员工的点子会成为一种暗示，暗示着也许那些靠得住、经过实践检验的想法已经过时了，不够好了。这就是我们抵制变革的典型原因。对于本书的写作目的来说，你就好比是那位专家，你对新鲜想法的不屑一顾很可能会扼杀新进员工畅所欲言的精神。这就是问题所在，因为正如乔纳·莱勒所说，他的大量研究也表明，即使是新来的员工，也会有一些很棒的想法。只不过，他们不是普遍观念里那些"合适的"人。

这就是典型的组织行为。我们要消除对这个群体的固有偏见，建议新进员工和内向员工找到有影响力的人并同他们结成盟友。我们告诉他们，要与有地位的人结盟，然后大声

① 莱勒后来承认他在书中伪造了鲍勃·迪伦的原话，他的书随后撤出销售渠道。他不该那样做，但是这本书还是非常好的，目前也还在亚马逊上出售。

地提出观点，分享想法；我们甚至提出把这个建议作为一项政治指导。我们建议，想要发展组织，员工就要在恰当的时机以恰当的方式讲恰当的话。①

经验丰富的领导者有时会对新想法充耳不闻——他们对新想法的不理不睬甚至是下意识的，这种想法深藏在心里。我们对旋律的熟悉感会导致一种“选择性耳聋”。你有没有过这样的经历：你正开着车，音箱里突然放出你最喜欢的一首歌，一首经典老歌。你开始跟着音乐，唱了头几句，可似乎几秒过后，歌曲就结束了——你完全错过了这首歌（即使你唱足了一首歌的时间）。这种情况通常发生在有经验的领导身上，并且发生在他们对新观点的讨论中。如果你和同事共事已久，就会倾听他们的观点，但从来不会用心去听。如果你能鼓励新人和内向员工加入讨论，就会听到一首全新的“歌曲”。

本书已接近尾声。如果我们所有的建议你都能做到，我们希望你能在空白处写上几句话，反省一下自己，从而成长

① 我们承认，有时候，我们的确不知道人们多久才能成功掌握这些策略，也不知道很多想法和建议多久会因为挫败感而悲惨地死去，因此我们只能选择冷漠。

为一名领导者。你现在一定在数这本书还剩几页，这个时候，我们要简明地告诉你最后一点：鼓励手下的员工畅所欲言，无论是内向的，还是新入职的员工（以及那些由于前文提及的“其他原因”隐藏心声的员工），都要鼓励。你需要做的事情很简单：关心他们。不要因为这些员工默默无闻，没有很高的职位就让他们躲起来，也不要忽略他们，快去找到他们吧。

第十二章
应许之地

我们欢欣于蝴蝶的惊艳之美，却鲜少有人注意到它为美丽遭受的蜕变之痛。

——玛雅 · 安杰洛（Maya Angelou），《云中彩虹》,（*Rainbow in the Cloud*）

前文中提到的布鲁斯·布朗是一位传奇教练和老师，他花费毕生心血探究如何培育团队文化。从足球、篮球、棒球再到排球，布鲁斯培训了数百支运动队。经他训练过的球员现在有的在哈佛校队效力，有的在NBA打球，还有的在全美橄榄球联盟做教练。和很多体育老师一样，布鲁斯是一名无人能敌的羽毛球健将，在布鲁斯从教第10年的一天下午，他在赶去参加排球训练的路上，一路上他都表现得很不开心，脸上写满了

“今天真糟糕”几个大字。那天其实还不错，没有发生什么不愉快，然而出于某些原因，布鲁斯被惹毛了。排球队的二传手贾内尔（Janelle）是队里最好的球员，她从生气的布朗身边跑过，顺势拍了拍他的肩膀。从布朗不自然的步态中，小姑娘能察觉出他糟糕的心情。布朗转身和她打招呼，却远远没有往日热情。于是，14 岁的贾内尔突然停下脚步，回头直视着布朗教练的双眼问道：

“教练，你怎么了？”

“今天过得很糟糕。”布鲁斯气呼呼地说。

“有多糟？”贾内尔问。

“非常糟。”

“好吧，我很抱歉听到你心情不好，但你知道吗，接下来的两小时我们需要你呀！你要加油克服啊！”

随后，她转身跑向了体育馆。贾内尔上九年级了，她很明白一个球队要做什么，所以她不允许自己的教练情绪低落。布鲁斯在中年时成立了一家名叫“积极集训”的公司，通过这家公司，布鲁斯帮助团队和公司建立起雷打不动的“核心契约”。那一年，一支大学排球乙级队将“保持激情”作为团队核心契约之一来遵守。训练一经开始，就意味着每一位球员自始至终都要遵循这一契约。如果“球员”（或教练）不“适应”，他就要“轻按开关”停下来调整一下。

布鲁斯说：“在强大的队伍里，谁都不能免去身上的责任和义务。那一天，贾内尔让我相信，在她眼中，我是有责任和义务的。”如果你成功培养出一种坦诚直率的企业文化，你非但不会变得脆弱，反而会变得无比强大。面对来自年仅 14 岁的小队员正当而犀利的规劝，布鲁斯教练选择谦逊且诚恳地认真倾听，他随即对自己的行动做出调整。这就是倡导畅所欲言的企业文化。

然而，文化一词虽然重要，却也常常遭到误用。麻省理工学院斯隆商学院教授埃德加 · 沙因表示，真正的组织文化在于各组员工之间的观点共享——也就是他所说的“基本假定模式”，即如果有一个小组坚定地持有某种基本假设，他们便会基于其他不可思议的假设前提寻找恰当的行为方式。哈佛大学教授迈克尔 · 沃特金斯（Michael Watkins）对此持相似看法，他将文化比作组织的免疫系统，“它在一开始就防止‘错误的思想’和‘错误的人’进入组织内部”。

如果你真的构筑起一片应许之地，你的员工会明白这里珍视和期待不同的声音，畅所欲言是安全的，任何事情都可以讲。“错误的思想”包括隐藏自己的想法，“错误的人”是指那些打断、阻碍他人发声的人。几年前，我们了解到一种有趣的“工具”，这种工具能够对企业文化做出有效诊断：那就是组织里的“谈话终结者”。在你的团队中、办公室里或者公司周围，什么言论会引得全组注目，并让谈话氛围仿佛中了魔咒一般，变得尴尬至极？从“畅所欲言”的角度来看，“谈话终结者”测试的确具有很强的讽刺意味，但是我们讨论的仅仅是在任何一个组织都可能出现的一些话语。

我们先来举一个处事轻率的例子。经典圣诞电影《红鼻子驯鹿鲁道夫》中有这样一个场景，北极生活着一群终日忙碌而愉快工作的小精灵，有一天，脾气暴躁的精灵老板前来视察工作。带着金色锁链的埃尔梅（Hermey）工作效率低，态度差，拖累了整个团队的工作，这引起了老板的极大不满。老板问埃尔梅：“伙计，你是干什么吃的？”埃尔梅当即不假思索地大声回答："我就是不喜欢做玩具。"

埃尔梅的话让整个圣诞老人工作坊陷入慌乱。老板暴怒，其他员工在私底下议论纷纷，却又用刚好听得见的音量议论："埃尔梅可真丢人！"在北极，玩具制造的重要性是大家公认的。同时，这份工作还得接收评估、监控以及奖惩。大量的资源（时间和原材料）都用于生产圣诞老人的礼物。埃尔梅直白地道出了自己的想法——他更想选择另一种人生（而不是制作玩具）。他的行为举止和想法在其他人看来是十分丢人的。以下是各公司内像埃尔梅一样的谈话终结者可能会说的话。

"顾客就不能再等几天？"（亚马逊）

"一直对人保持微笑真的烦死了。"（迪士尼）

"我才不在乎什么传统。"（美国海军陆战队）

"鬼才在乎山姆·沃尔顿说了什么。"（沃尔玛）

一旦坦诚直率的文化开始盛行，你就会对此有所了解，因为职员的话会让你感到芒刺在背。他们会遵循以下不可思议的原则找到合适的言行举止，选择自己如何表现。

“注意你的措辞！老板可不想听这些乱七八糟的！”

“发言之前先搞清楚谈话界限，还要找好靠山。”

“无论做什么，别承认你不知道这件事儿！”

“做好自己的事儿！”

为了促进一种文化氛围的变革，埃德加·沙因提出了其中蕴藏的一系列机制，在他看来，这些都需要在坦诚直率的文化中培养起来，例如通过规定如何分配奖励和职位；说明领导该关注什么，采取什么相应的措施；告诉领导如何将组织系统和运作过程落到实处；让员工知道何为正式的观点、怎样表达正式的观点；向他们讲述一些流传已久的关于大事件、大人物的故事……你可以凭借前述内容培养或建立起一种鼓励无畏、倡导畅所欲言的文化。然而在文化创建的所有尝试和努力中，最重要的一点，便是树立一种行为规范，进行言传身教。

以下是本书的最后一个故事 ……

固安捷公司位于伊利诺伊州莱克福里斯特，是一家工业品分销商。根据我们的调查，该公司拥有将近 24 000 名员工，每年各类商品（如：防护手套、梯子、切削工具、电动机、清洁用具等）的销售额达 100 亿美元，在数十年的股票分红记录中这家公司保持着良好的业绩纪录，可以说这是一家非常成功的企业。

像其他公司一样，固安捷每年都会外聘顾问，对公司内部员工的工作参与度进行评估，其获得的最佳数控为 72%，这一数据同样用于测评世界一流公司。多伊 · 凯特（Doe Kittay）负责固安捷公司的客户服务工作，2014 年的数据显示，她的团队员工参与度高达 81%，她所领导的团队，员工满意度比同类最高基准值高 9 个百分点。

从某种程度来说，团队取得这样无与伦比的成就还要从固安捷公司总部的 B 座一楼说起。凯特笑称："过去三年里参与的会议我大都记不得了，但那一次会议让我记忆犹新。"

她清晰地记得那次会议的时间、她穿的是什么、坐在哪个位置、受到打击后是怎样地痛苦。"老实讲，当时的感觉就像是头上被拍了一板砖，整个人都是懵的。"那时，一位马上要成为她直接下属的同事布雷恩向她坦言："我想告诉你，我觉得你一点都不在意我的观点，甚至可以说你根本就不喜欢我。"

一位十分机智的英国同事为我们建立了一个颇具创意的

模型，清晰地展示了人们是如何做出反应、进行反馈的。马克·诺顿（Mark Norton），前皇家海军，现为人力资源部门行政人员。他认为，我们对于他人批评的反应通常是：“哎呀！”无论批评的表达效果多么好、传达的方式多么温和，我们都会有“哎呀！”的痛感。有时，这种痛感只持续几秒钟，有时可能会持续几十年。当我们在“哎呀！”阶段过渡过去或是稍稍还有一点感觉的时候，我们便会过渡到“这不是我的问题”的阶段，进而责备指责我们的人。最终，希望我们可以冷静下来，扪心自问“我从中可以学到什么”。

哎呀！

⬇

这不是我的问题。

⬇

我能从中学到什么？

在这件事情中多伊·凯特无疑会感到“哎呀！”，布雷恩的话刺痛了她，她脑中便会转而思考布雷恩的行为有哪些需要修正，最终她将故事分享出来，在她认真考虑未来的组员对自己说的话之后，她开始力挽狂澜，改变游戏规则。

布雷恩改变了我的行事风格，我曾以为自己擅长领导，也能让大家参与到工作中，然而他让我意识到，我的方法并不是最好的，它不能照顾到所有人，我有责任以一种不同的方式，让他参与进来，这一生我都不会忘记这次谈话。

在我们坐下听她讲自己的故事之前，她对本书内容一无所知，而我们将她的故事记录下来，是因为她的成功过程，包含了之前章节的所有内容，她意识到自身权力给团队内其他人造成的压制，员工对于判断和反对的恐惧，对于工作的疲乏，这些问题都是需要她不遗余力去克服的。她假定员工的积极意图，每当职员在工作上做出努力，她都会对其微不足道的尝试表示尊重，对于自己身边所有人真诚提出的问题，她都保持真诚的好奇。

最值得注意的一点是，几乎每一天，她都在证明一切绝对安全，她直白地袒露自己内心的声音："有些事情是绝对不可以说的，除去这些，我和我的员工分享一切信息。"整顿重组的中期盘根错节，充斥着压力，凯特的这一举动持续将近两年时间，同时这也挑战着员工的专业技能、自我意识以及日常生计，凯特不断同员工沟通，她坦言自己也不清楚自己恐惧的是什么，但她愿意和他人说说自己的心事。“我相信他们借此机会透露了很多消息，同样我也赢得了他们的信任。”

英属哥伦比亚大学的桑德拉·罗宾逊（Sandra Robinson）解释说：“组织内部分享消息的种类以及和谁分享，都在传递着强烈的信号。”向员工透露公司事务的细节、经济状况或其他重要信息不仅会换来信任，还会给公司带来诚信经营的良好局面。所以，你要如何建立一个信任你且值得你信赖的团队呢？首先，你要相信他们。这听起来就像是你要有积极的意图。这项要求十分简单，甚至完全没有必要为此进行实验，但很少有人可以做到，否则，凯特小组的表现也不会显得如此突出。

领导培养或保持坦率的团队文化的这项工作永远没有尽头，在布雷恩表明凯特不珍视他的付出的 6 个月后，凯特才适应自己客户服务部门副经理的角色。几年后，凯特工作上的左膀右臂——戴夫（Dave），走进她的办公室。他没有过滤自己的想法，而是把一切和盘托出，这就是我们一直以来呼吁领导需要培养的品质。他告诉自己的领导需要站出来做决定，他警告说：“你太包容了，接下来你要做的是控制职员并做出决定。”

凯特承认：“这话听起来很难受，我问了所有可以问的人，让他们告诉我怎样成为一个更好的领导者……尽管听到这样的警告令人十分痛苦，但我还是马上对他表示感谢，因为他有勇气对我说这些。”

那天入睡前和转天清晨，凯特一直在思考戴夫的话。她稍稍调整了自己的领导风格，并询问其他人自己做得怎样。“后面的会议中我会问他们当我站出来迅速做决定时，事情进展如何。”

现在，你或许觉得这一切听起来十分平和顺利——老板忍受职员的责备并基于团队的反馈意见调整自己的领导风格。然而，这并非常态化的表现，我们知道，三角洲部队的管理（并不温和），冠军球队的教练，上市公司100强就是这样做的。他们外表看来温和随意，内部却有着坚不可摧的结构。

凯特不是一堵坚硬的石头墙，在许多方面她都表现得十分优秀。她同员工分享自己的不足，事实上，她领导的团队职员参与度比全球优秀部门和组织的指数高出9个百分点，是其他表现糟糕的部门和组织指数的两到三倍。从数据和职员对她的敬仰程度来看，她是个了不起的领导。她的团队历经改革仍保持着冲天的干劲。当人们和她说出自己想说的话时，凯特的生活可能会比其他人过得艰难一些，但她也因此有了许多收获——她的团队大获成功。要知道意识到自己的问题和做出反应都是十分困难的，但凯特还是证实了畅所欲言是绝对安全的，她努力尊重每一份尝试，她真诚的好奇也带来了新的声音。

她的妈妈在高校咖啡厅里工作，她的爸爸是一名保安。“关于领导力我从父母那里习得的重要一课便是努力工作的价值。”凯特出生于丹佛市，在混血婴儿潮时代出生，她的妈妈是二战后的日本移民，她的爸爸是德国—爱尔兰后裔。凯特的混血背景也促使她加入公司的亚太商务资源小组。在工作的4年时间里，她学到了很多，了解了自己样貌所属却从未真正经历的文化。“在论坛中我遇到了很多人，他们要么在会议中很难表达自己的观点，要么很难对自己的领导开口。”当事情发展超出预期时，他们便不再对自己的团队抱有幻想。

太平洋沿岸大多数岛民不太熟悉亚太地区通勤上班的文化，凯特试图帮助他们学习如何表达自己的观点并完整地向上级传达。这一帮助十分有用，每位职员在经历不同文化时无疑是需要帮助和培训的。她解释说：“他们不是那种从容自信的人。”难道我们真的一定要管理和改变组织内的员工，才能让他们坚定地为公司做出贡献吗？

这就是我们出于畅所欲言的考虑希望领导可以彻底解决的问题。我们能够教会护士如何表达自己积极的意图，帮助人们打磨他们未经加工的话语，为日益多样的职员提供文化说明。或者，我们可以把自由发声的重任自己扛下来。

不要让你的职员考虑怎样正确说话，在哪个恰当的时间，以何种正确的语调。我们甚至建议不要让员工因为你的想法说任何话。我们极度期盼你建立起一种鼓励员工为自己发声而不是为了你发声的企业文化。无论出于何种原因，去找那些从未做出贡献的职员，按照他们的行事风格让其参与到谈话中来。不是因为他们必须如此，而是因为这样做是你和团队对他们的需要。不要强加你的意愿而要用你令人振奋的鼓励，待人真诚的风范和不断表现的好奇心引导他们。

凯特根本不需要时时被人提醒，也不需要别人告诉她团队中的人所说的话有多大价值。她知道，一旦团队中的人意识到自己得到了重视，整个团队便会向好发展。所以她十分珍惜团队中的每个声音，并希望每个人都能说些什么。“很多人认为自己没有什么可说的，如果你想得出结论就一定要找出这些人。”结论往往可以推动创造性的观点，找到问题的新角度，同时你还会得到公司内部那些内向腼腆的员工提出的好点子。

我总会向那些不分享观点的人提问，我知道他们肯定有些东西对团队是有帮助的。从他们的面部表情你就可以判断出来，他们或许隐藏了些什么。当然，我不会以一种讨厌的方式发问。我会这样说：“我觉得你似乎有些想法，那你是怎么想的呢？”

我们是通过顶级高管教练詹妮弗·波特认识多伊·凯特的。波特对凯特团队进行了360度全方位的观察。凯特让团队所有成员（她本人除外）配合波特在团队建设中给予反馈。等到波特收集了所有反馈后，全员休息一小时，随后他在屋子里和凯特进行了沟通。这个举动很大程度上保证了他们发言的安全性。但凯特的直接下属对此表示疑惑，他们认为这根本没有必要：“我们可以随时随地以任何方式表达自己的观点，所以根本不需要这样做。”

这就是应许之地。

别再等待明天做出改变了，现在就开始你的行动，培养一种畅所欲言的企业文化。这项工作十分困难，也会让你感到难为情，但它带来的收益是难以估量的。

注 释

前 言

1. Liz Wiseman and Greg McKeown, *Multipliers: How the Best Leaders Make Everyone Smarter* (New York: HarperBusiness, 2010).
2. Bob Condotta, "Seahawks kicker Steven Hauschka says going for it right call," *Seattle Times*, January 23, 2014, http://seattletimes.com/html/seahawks/2022741216_seahawksnotebook24xml.html.
3. Terry Blount, "Pete Carroll voted most popular," ESPN, January 28, 2014, http://espn.go.com/nfl/ playoffs/2013/story/_/id/10363366/pete-carroll-seattle- seahawks-voted-coach-most-players-play-espn-survey. Chart used with permission of ESPN.
4. Jim Collins, *Good to Great: Why Some Companies Make the Leap . . . and Others Don't* (New York: HarperBusiness, 2001).

第一章 员工的问题与疑虑

1. Dan Lovallo and Olivier Sibony, "The case for behavioral strategy," *McKinsey Quarterly*, March 2010.

第二章 好点子和坏点子

1. Derek Thompson, "Why Experts Reject Creativity," *Atlantic*, October 10, 2014, http://www.theatlantic.com/business/archive/2014/10/why-new-ideas-fail/381275/.
2. Daniel H. Pink, *Drive: The Surprising Truth About What Motivates Us* (New York: Riverbed Books, 2011).
3. Elaine Camper, "The Honey Pot: A Lesson in Creativity and Diversity," April 2, 1993, http://www.insulators.info/articles/ppl.htm.

第三章 反馈与关注

1. Collins, *Good to Great*.

第四章　领导妨碍沟通

1. Leigh Plunkett Tost, Francesca Gino, Richard P. Larrick, "When Power Makes Others Speechless: The Negative Impact of Leader Power on Team Performance," *Academy of Management Journal* 56, no. 5 (2013): 1465–86. Tost et al. cite others' research on these points; we take their word for it.

第五章　领导的权力令人窒息

1. The *USS Greenville*: National Transportation Safety Board Marine Accident Brief; Accident No. DCA-01-MM-022, May 2001, http://www.ntsb.gov/investigations/fulltext/mab0501.htm.
2. Adam Grant, *Give and Take: Why Helping Others Drives Our Success* (New York: Viking, 2014), 147.
3. David Maxfield, Joseph Grenny, Ramón Lavandero, and Linda Groah, *The Silent Treatment: Why Safety Tools and Checklists Aren't Enough to Save Lives*, VitalSmarts, 2010.
4. David Maxfield, Joseph Grenny, Ron McMillan, Kerry Patterson, and Al Switzler, *Silence Kills: The Seven Crucial Conversations for Healthcare*, VitalSmarts, 2005.

第六章　人们害怕评判

1. Amy Edmondson, "Psychological Safety and Learning Behavior in Work Teams," *Administrative Science Quarterly* 44, no. 2 (1999): 350–83.
2. Malcolm Gladwell, *Outliers: The Story of Success* (New York: Back Bay Books, 2011, reprint ed.).
3. Daniel Kahneman, *Thinking, Fast and Slow* (New York: Farrar, Straus and Giroux, 2011), 79–81, 215.
4. "The halo effect," *Economist*, October 14, 2009, http://www.economist.com/node/14299211.
5. Craig Lambert, "The Psyche on Automatic," *Harvard Magazine*, November–December, 2010, http://harvardmagazine.com/2010/11/the-psyche-on-automatic. This article profiles Harvard professor Amy Cuddy.
6. Susan Cain, *Quiet: The Power of Introverts in a World That Can't Stop Talking* (New York: Broadway Books, 2013).

第八章　假定积极意图

1. Robert Rosenthal and Lenore Jacobson, *Pygmalion in the Classroom: Teacher Expectation and Pupils: Intellectual Development* (Bethel, CT: Crown House Publishing, 1992). The overview of the rat experiment and studies at the Oak Hill School came entirely from this book.
2. Dov Eden and Abraham B. Shani, "Pygmalion Goes to Boot Camp: Expectancy, Leadership, and Trainee performance," *Journal of Applied Psychology* 67, no. 2 (1982): 194–99.
3. Dov Eden, "Leadership and Expectations: Pygmalion Effects and Other Self-Fulfilling Prophecies in Organizations," *Leadership Quarterly* 3, no. 4 (1992): 271–305.

第九章　证明发言是安全的

1. Edmondson, "Psychological Safety and Learning Behavior in Work Teams": 350–83.

第十章　尊重每一次尝试

1. Robert F. Kennedy, *Thirteen Days: A Memoir of the Cuban Missile Crisis* (W. W. Norton and Company, 1999, reprint ed.).
2. Behar tells this story in his book *It's Not About the Coffee: Lessons on Putting People First from a Life at Starbucks* (New York: Portfolio Hardcover, 2008).

第十一章　保持真诚的好奇

1. See Adam Grant's entertaining and informative book *Give and Take: Why Helping Others Drives Our Success*.
2. Brad Stone, *The Everything Store: Jeff Bezos and the Age of Amazon* (New York: Little, Brown and Company, 2013), 81–82.
3. Jonah Lehrer, *Imagine: How Creativity Works* (New York: Houghton Mifflin Harcourt, 2012), 128.

第十二章　应许之地

1. Edgar H. Schein, *Organizational Culture and Leadership*, 4th ed. (San Francisco: Jossey-Bass, 2010), 28. Schein is a professor emeritus from MIT's Sloan School of Man-agement.

2. Sandra L. Robinson and Sabrina Deutsch-Salamon, "The Impact of Trust on Organizational Performance," Research Briefing, Human Resource Management Association (Canada), October 2011: 4.

158 页中问题的答案

1. 甘地 78 岁时去世

2. 马里亚纳海沟深度低于海平面 6.831 英里

3. 尼罗河总长为 4 258 英里